闪闪新农人

上海市农业农村委员会秘书处
东方城乡报社
上海社会科学院信息研究所 | 著

文汇出版社

本书编委会主任：

方志权　　　胡晓滨　　　王　振

本书编委会（按姓氏笔画排序）：

方志权　　王　振　　尹　寅　　朱冬冬

张红英　　张　晨　　张　漪　　胡晓滨

海骏娇　　董言笑　　楼建丽　　欧阳蕾昵

戴　俊

卷首语

浦江潮涌，沃野新歌。在上海这座国际化大都市的版图上，广袤的乡村正经历着一场深刻而充满活力的变革。当人们习惯于将目光聚焦于城市的霓虹璀璨，另一片土地上，一群怀揣梦想、充满激情、敢于创新的"新农人"正在悄然崛起，他们以新身份打破城乡藩篱，以新理念重塑农业形态，以新力量赋能乡村振兴，用智慧与汗水为传统的田野注入时代的新意，成为上海乡村振兴画卷中最亮眼的星光。

发展现代农业，离不开科技的引领、品牌的锻造、市场的开拓，更离不开人才的支撑。推动农业高质量发展，既需要标准、产权、品牌、市场等"硬支撑"，更需要一大批"以匠心精神和科学理念孜孜以求、精耕细作的农业工匠"。33位"闪闪新农人"正是这样一群新时代的"农业工匠"，他们是新身份的实践者，是新理念的传播者，更是驱动乡村变革的新力量。

他们身份多元：有从父辈手中接过锄头、赓续农业血脉的"农二代""农三代"；有毅然告别"都市格子间"、投身田园的白领精英；有带着国际视野学成归国、反哺乡梓的海归学子；还有在上海这片热土上扎根多年、将异乡变故乡的"新上海人"。

他们领域广阔：既有深耕粮食、蔬果、畜禽等农业第一产业，保障城市"米袋子""菜篮子"的坚实力量；也有探索农旅融合、发展乡村旅游的开拓者；还有在产业链延伸、品牌化运营、多元化经营上大展拳脚的实践者。

他们的"新"，在于赋予农业全新的内涵与动能。他们是技术型人才，将前沿科技——物联网、人工智能、无人机等引入田间地头，推动智慧农业生根发芽；他们是市场型人才，深谙品牌运作之道，用现代营销理念打通产销渠道，提升农产品价值，让"上海品牌"香飘更远；他们是文化型人才，挖掘乡村生态与文化价值，打造有温度、有故事的农文旅项目，让乡村成为承载乡愁、吸引流量的诗意栖居地。他们中的每一位都在用自己的方式，打破城乡壁垒，促进人才、资金、技术、信息等全要素在城乡间自由流动与高效配置。

为响应市委、市政府"以求贤若渴的紧迫感，全力抓好农业人才引育"的号召，市农业农村委联合上海社科院、文汇出版社策划出版《闪闪新农人》，通过持续深入的宣传，讲述上海33位新农人用才华与奋斗点亮乡野的故事。

让我们共同期待，这33颗散落在上海乡野，闪耀着新理念之光、凝聚着新力量、拥有多元新身份的"星星"，如何汇聚成照亮上海农业现代化、乡村全面振兴新征程的璀璨星河。他们的光芒，值得被看见；他们的故事，值得被记住。

目录

008 —— 卜立君：
在"番茄星球"里种下理想

016 —— 卫亮：
十七载田垄逐梦,用青春破译乡村振兴密码

024 —— 马云富：
将"田园梦"照进现实,打造未来村庄的"样板间"

032 —— 王印：
从退役军人到农业产业化领军人

040 —— 王婉：
绘制新"丰"景,为乡村振兴添砖加瓦

048 —— 王黎娜：
在农村寻求广阔发展空间,"扁豆姑娘"干劲足

056 —— 毛盾：
田野搭台,咖啡为媒,唱响田园牧歌

064 —— 卢俊杰：
葡萄架下编织梦想

072 —— 付茂：
跳出舒适圈，为打造具有市场竞争力的"华系种猪"不懈奋斗

080 —— 孙菁旌：
做农业更踏实，更有成就感

088 —— 朱媛：
从英语老师到红美人柑橘代言人的甜蜜转身

096 —— 安浚：
赋予植物数字生命的科技农夫，在智慧农业浪潮中扬帆

104 —— 张克红：
让秸秆变"黄金"，虾稻共"起舞"

112 —— 张春辉：
都市农业消费的探路者

120 —— 陈江芹：
在乡村这片沃土，年轻人大有可为

130 —— 陈建宇：
稻花湾里的稻米青年

目录

140 —— 何杨阳：
将松江大米种上云端，数字农匠耕耘农业新路

148 —— 宋家坤：
稻田里的青春选择

156 —— 沈叶鑫：
海外留学"农三代"的回乡创业路

164 —— 沈燕燕：
打造繁华都市里的"百年农场"

172 —— 郏颖杰：
农业逐梦人，种业新航程

180 —— 周瑜：
破圈传奇："草莓姑娘"引领白鹤草莓重塑产业活力

190 —— 贾涛：
在创业路上，探索农电文旅模式创新样板

198 —— 顾凤君：
从"菜篮子"到"智慧园"，看"番茄姐姐"的农业创业路

206 —— 顾永豪：
00后"农民伯伯"在希望的田野上书写青春华章

214 —— 钱雷：
用"翼枭"在乡村天空书写科技新篇章

222 —— 涂德露：
"这里是我'生根发芽'的地方，我要把它做好做强！"

230 —— 黄伟：
我要在上海，种中国最好的桃子

238 —— 黄春：
一只蟹的"洄游"与一个时代的回响

246 —— 黄震：
当跨界思维遇见土地情怀

254 —— 龚雨欣：
"95后"女孩打造雉鸡田园综合业态，
以创新思维唤醒乡村活力

262 —— 葛文：
以守正创新诠释新时代农人的"骑士精神"

272 —— 鞠湖宁：
90后"农机小诸葛"是怎样炼成的？

280 —— 后记

卜立君：

在"番茄星球"里种下理想

乡村发展，关键在人。近年来，浦东新区聚焦乡村人才建设，推出多项引才政策，在广袤田野上绘就了一幅青年与乡村双向奔赴的画卷。在这片热土上，上海孙桥溢佳农业技术股份有限公司副总经理、"番茄星球"主理人卜立君，正用她的故事诠释着新农人的无限可能。

从时尚圈到温室棚：一场跨界的"破圈生长"

当晨雾还未在智能温室玻璃上凝成露珠，身着工装裤的卜立君已穿行在番茄藤蔓织就的绿色穹顶下。指尖轻触平板，灌溉系统便如交响指挥般精准启停。很难想象，几年前的她还是穿梭于上海"巨富长"街区的时尚达人，身着Prada，步履生风。

走进孙桥溢佳农业园区，近200亩土地上，无土栽培设施设备、栽培技术研究等现代农业科技正在这里生根发芽。"我的父亲是南京农业大学博士、上海交通大学博士后，在国内属于最早一批研究无土栽培并成功转化为产业的科研人员。"谈及父亲卜崇兴对自己的影响，卜立君的语气中充满敬意，"研究生毕业后，父亲被分配到北京工作，但他主动申请前往新疆戈壁滩，用无土栽培技术种新鲜蔬菜，改善当地人的生活。那时，我才1岁。"

直到卜立君上小学的时候，父亲作为引进人才来到上海。她一路在张江求学，考入东华大学服装工程专业，硕士又赴英国曼彻斯特大学深造。"和许多女孩一样,我也喜欢上海的精致与浪漫。"为此,大学三年级时,她曾进入国际时尚品牌PRADA实习,硕士毕业后又加入ZARA母公司担任管培生。原本,她的职业生涯可以沿着时尚圈的轨迹一路前行,但父亲的一通"加急"电话,彻底改变了她的方向。电话那头,父亲的声音坚定而恳切:"德国有个农业展,陪我去看看。"

彼时,卜立君的父亲卜崇兴已在孙桥现代农业园区创办了自己的公司,专注于设施农业的技术研发和应用。随着业务的拓展,公司急需一名精通外语、熟悉国际市场的人才,与国外企业对接合作。"从科研创业到设备研发,父亲一路走来非常不易。所以,我总是尽力支持他的决定。"卜立君回忆道,"当时,我答应陪他去德国参加一个国际现代农业展会。"展会上的所见所闻犹如打开新世界的大门——LED补光灯下的作物如星河璀璨,智能环控系统将气候装进计算机,农业工程师们穿着白大褂如实验室般调试营养液参数。"原来土地之上也能生长出赛博朋克的浪漫。"这场邂逅让她的时尚基因与农业科技产生奇妙碰撞。

2016年,她作出令朋友圈哗然的决定:换下Prada套装,套上防晒冰袖。从翻译丹麦补光灯技术文档开始,这位曾经的时尚买手开启"破壁"之旅。在乌鲁木齐农业园区的寒夜里,她裹着军大衣调试设备参数;引进荷兰智能温室时,把专业术语啃成"农业版雅思词汇"。当第一茬补光番茄提前两周挂果,农户眼里的

惊喜让她读懂土地的回声:"原来跨界不是舍弃,而是让不同维度的光芒彼此照亮。"

从水肥一体化灌溉到温室智能控制系统,从设施设备到栽培技术,卜立君一步步从外行成长为农业领域的行家里手。

而真正让她决心扎根农业的,是2017年创立的自有品牌——"番茄星球"。

在孙桥农业园区的玻璃森林间,一幢白色小屋宛如遗落人间的星舰。推门而入,悬浮的绿植在空中勾画生态幕墙,全息投影展示着番茄的分子奥秘,直播间里技术人员正对着4K镜头讲解疏果技巧。这里既是卜立君的"农业实验室",更是她构建的"未来田园"样板间。

"最近,我和其他几位扎根'三农'领域的'农二代'朋友一起,尝试着运营各自的新媒体账号。在这个过程中,除了感受到辛勤的付出之外，我们更多的体验是快乐和满足。"打开卜立君的个人视频号——魔都新农人卜卜，可以看到她分享的不仅是农业知识，还有那份对土地的深情与执着。田间地头的点滴记录，配上她亲和的解说，让屏幕前的观众仿佛置身于那片生机勃勃的番茄园。评论区里，点赞与鼓励如潮水般涌来，她的故事激励着更多人投身乡村振兴的浪潮。

"番茄星球"：让理想照进现实

目前，孙桥溢佳在环东村共有200亩基地，其中包括10个高标准蔬果温室大棚，占地约110亩。特别是这10个高标准蔬果大棚各自运用着不同的栽培系统，比如，越冬越夏系统、潮汐式栽培系统、纳米新材料保温幕帘系统等。卜立君介绍，基地内主要研发无土栽培技术，所有高标准蔬果大棚都为玻璃温室，并配套保温、通风、遮阳系统。"考虑到农田性质，基地内种植的都为茄果类蔬菜，主要用于农业技术的研发测试。"

近几年，极端天气多发。每到此时，"智慧农业"效果尤为明显。2020年冬天，上海遭遇极端"寒潮"天气，室外最低气温达到零下7℃。"那是近十年来上海的最低气温，很多农业企业种植的农作物都遭遇严重冻害，但当时我们基地种植的番茄却没有受到丝毫影响，这都是基地运用的数字化手段发挥的作用。"卜立君说，

座右铭
》》》》》》》

❝
科技让农业更美好。
❞

应对寒潮侵袭，传统农业主要采取多层覆盖保温和临时加温措施的方式，不仅需要花费大量劳动力，还会增加温室内湿度，导致蔬菜致病率上升，另外，能耗和运行成本也非常高。而在孙桥溢佳的基地里，借助现代农业技术，就可以实现蔬果越冬安全生产。

　　首先，基地大棚内有环境监测系统、智能灌溉系统等。通过公司自主研发的物联网平台，实时监控着基地大棚内外的温度、湿度、光照度、二氧化碳浓度，以及土壤温湿度、pH 值、EC 值等。所有数据 24 小时监控，每五分钟更新，在平台后台形成曲线图，以便工作人员实时掌握。

　　而当系统发现监测数据存在异常，就会联动相关智能系统，进行精准处置。"比如在低温天气时，只要平台监测到当前温度达到低于作物正常生长的温度，就会自动打开保温系统，将温度'锁'在里面。"卜立君说，基地目前使用的是公司自主研发的纳米新材料保温幕帘系统。据介绍，该系统使用一种新型轻质纳米线性材料，具有优异的隔热效果以及高疏水、阻燃、防火等诸多性能。在大型温室桁架上下端设置这种新型"保温被"，既减少保温层厚度，又能有效控制温室内的温度散失。

同时，基地内的空气源热泵控制系统则以更节能环保的方式，增强温室大棚的蓄热保温性能，提升大棚室内空气源对室内热环境的调控能力。"将温室大棚的主动集热、蓄热及供热相结合，夏季吸收热量储存在地下，到了冬季自动释放热量，实现主动蓄热供热。该系统50%开启时，就能提高温室内温度至少7℃。"卜立君说。

空气源热泵控制系统与环境监测传感器互相联动，自动控制大棚进行升温或降温。卜立君介绍，在未使用该系统前，一个6000平方米的大棚，如果使用天然气，一个月的加温费要达到30万至40万元，但现在每天只要花50至60元，成本大大降低。

此外，基地的越冬越夏系统也可以一定程度上解决农作物生长面对的天气影响，可以对植物根部直接进行加温或降温。"以基地种植的番茄为例，攻克了冬季低温难题，我们基地在8月底就会进行播种，不用担心番茄生产期间遭遇低温天气，这样最早在12月就可以上市。"卜立君说，而一般农业企业大多都选择过了最低温再种植，这意味着基地的番茄可提早 3 至 4 个月上市，其间收益十分可观。

在卜立君的蓝图中，"番茄星球"不止于农产品品牌。她打造的"都市农耕体验舱"里，白领们可以通过 VR 穿越作物生长周期；小朋友可以在基地探索果实美味的田间密码。"农业的终极浪漫，是让科技有了温度，让土地长出诗意。"从最初引进丹麦的全自动水肥一体化灌溉设备，lcc4 温湿度、光照度传感器以及温室智能控制系统，到现在公司自主研发的物联网平台、温室智控系统、智能灌溉系统、各类传感器、气象站以及空气源热泵控制系统等，孙桥溢佳在数字化转型的过程中，切实体会到了数字农业在科学种植、生产管理等环节中的优势。

"我们每年都在开发新技术，希望不断提升农业的生产效率，实现农业增产增收。"卜立君说，目前，基地正在合作研发采摘与修剪机器人，希望通过人工智能解决作物生产中最耗人工、技术难度最高的环节。不仅如此，卜立君还计划拓展更多农产品种类和文创周边产品，通过开展更多线下体验活动，让城市居民亲身体验农耕乐趣，打造一个多元化的"农业生态圈"，让更多人享受到科技农业带来的丰硕成果，看到农业魅力，感受乡村活力。

文：刘晴晓

卫亮：

十七载田垄逐梦，用青春破译乡村振兴密码

五月的金山郊野，晨雾还未完全消散，卫亮已经蹲在番茄大棚里。指尖轻轻抚过藤蔓，叶片上的露珠顺着指缝滑落，在胶鞋上洇开小片水渍。他凑近观察番茄花穗，目光掠过幼嫩的子房，像极了十七年前那个蹲在银龙农场菜畦边，认真辨认卷心菜品种的年轻人。

初入农门：从城市青年到农业探索者

时光回溯到 2008 年那个闷热的夏天，当卫亮攥着大学本科毕业证书，在上海市区招聘会的人潮中被挤得头晕目眩时，他不会想到，命运的齿轮正将他推向一片充满未知的绿色海洋。这个从城市回流的年轻人，即将在田垄间书写一段关于热爱、创新与坚守的传奇。

2008 年的秋天，卫亮应聘进入上海银龙农业发展有限公司，负责玉米汁的调配。实验室里，他和搭档像科学家般调配着比例：玉米粒的老嫩程度、榨汁时的水温、过滤的次数。当第一杯金黄透亮的玉米汁在舌尖绽开清甜，他忽然明白，原来农业不仅仅是简单的春种秋收，更是充满科技感的创新实践。

后来，这个年轻人被调去了营销科，迎来职业生涯的第一次重大挑战：对接湾仔码头和龙凤集团的蔬菜供应。客户对蔬菜的外观、口感、安全和新鲜程度都有极高的要求。仓库里，他看着成筐的蔬菜一一辨认。眼前的卷心菜青梗白梗交错,芹菜分着实心空心,他有些不知所措——这些课本里没教过的知识,成了他农业启蒙的第一道门槛。

为了记住蔬菜品种,卫亮随身带着笔记本,记下每个品种的叶形、梗色、口感。凌晨4点跟车去农场,他蹲在菜地里看晨光如何为莴笋镀上银边,观察暴雨过后菠菜叶片的蜷曲程度。三个月后,当他能闭着眼睛通过触感分辨出不同生菜之间的差异时,他不再是从前那个"农盲"。为了找到符合标准的货源,他跑遍了金山周边的农场,恨不得用放大镜检查菜叶背面的虫眼,在加工车间盯着工人清洗蔬菜的每一个步骤。

2011年,卫亮调任银龙果林七场场长。站在光秃秃的果园里,他皱起了眉头:葡萄和猕猴桃占据了全部土地,农忙时工人累得直不起腰,农闲时却无事可做。"为什么不能让土地四季都有收成?"这个大胆的想法,开启了他的第一次种植结构改革。"就像给土地编了本日历,每个月都有该忙的事。"他成功让土地一年四季蔬果产出不断,让人力输出形成全年平均。

2012年,金光蔬菜合作社向卫亮抛出橄榄枝。当他第一次走进那个300多亩的农场时,眼前所见让他出乎意料:虽然农场设施不错,但土地上还是一片荒芜,农场职工老龄化严重,办公室里两三个年轻人的工作状态也是了无生气。

但卫亮还是看到了潜力。他将农场划分成3大区域,由原来的几个生产负责人担任组长分头负责。然后，他带着年轻的管理团队，挥舞着镰刀砍杂草，用铁锹挖通堵塞的沟渠。随着一片片蔬菜的种植，农场环境一点点开始改变。不到半年，农场变得生机盎然，生产井然有序，职工队伍朝气蓬勃。之后，他们开始建章立制，建立了一整套生产计划、农资出入库制度、农场种植观察日志、农事操作记录等。他还添置了大量的生物防控设施，如黄板、防虫网、灭虫灯、性诱器等。经过一年努力，合作社经营管理步入正轨，经济效益也十分可观。

创业开花：在农田里绽放理想之光

2014年6月，卫亮做出了一个震惊众人的决定：辞职创业。"在企业里，我只能改变一个农场。但自己创业，我能探索一条新的农业路。"他站在朱泾镇大茫村的田埂上，看着眼前50亩积水的洼地，眼里却闪烁着光芒。

他给合作社起名为"禾希"，寓意年轻的梦想，又取意物以稀为贵，希望种植出优质、健康、美味的产品。

创业初期的艰辛远超想象。连续暴雨让田地变成沼泽，挖机无法下田，他带着工人用铁锹挖排水渠。等到挖机能下地做沟渠时，又面临搭建大棚困难。他只能改变计划，先建路再搭大棚。为了不耽误草莓种植计划，他和工人们搭建大棚、种植草莓同步进行。

"在企业工作和自己创业最大的区别是,在企业只是负责一块工作,但创业是负责整体工作。"卫亮说。后面接踵而来的问题,又令他一次次手足无措。那年10月,台风"菲特"引起强降雨,使田地受淹。高强度的农场建设工作刚完成,又遭遇自然灾害。他不得不连夜开挖沟渠及时排涝,才得以控制住汛情。

创业初期,卫亮的合作社主要种植草莓和番茄,以往的经历和经验化为养分,浇灌着他的梦想果实。仅仅一年后,合作社的种植面积就扩大到了100亩,他开始种植金山小皇冠西瓜。到2022年,基地的种植面积已经达到500亩,种植品种也不断丰富,

座右铭
》》》》》》》

"
只有越来越强大,
才能越来越童话。
"

增加了生菜和玉米。

在卫亮的经营下，合作社稳步发展，特别是在2017年，他的农业生涯被一颗番茄彻底点亮。

触摸行业脉搏许久，积累了一定眼光和经验的他，踌躇满志地引进日本的"桃太郎"番茄品种，却在种植中遇到了难题：夏季高温让番茄脐腐病暴发，眼看着青果上出现褐色斑点，他急得满嘴起泡。他带着技术团队吃住都在大棚里，尝试了十几种土壤改良方案，终于发现通过增施钙肥和调整灌溉频率可以有效防治。

当第一批色泽红润、果型饱满的"禾希番茄"上市后，立即引发了抢购热潮。一位老顾客尝过之后特意找到他："这番茄，吃出了小时候的味道。"这句话让卫亮眼眶发酸——为了这份"小时候的味道"，他坚持不使用催熟剂，让番茄在藤蔓上自然成熟，虽然产量减少了30%，却留住了最本真的香甜。

卫亮常说："每一棵菜都是有生命的，都需要倾注感情去培育。"他倾情于农业，把每一棵菜当孩子一样照顾。他不断地学习，从品种选育、栽培、种植模式，到农药肥料的使用管理，农产品采收储藏，再到宣传和销售，每个环节他都不愿错过。

"桃太郎"番茄的成功种植，让卫亮看见了更加广阔的市场。在上海，市场上的大番茄、菜番茄大多数从外地运来，而耐运输的番茄大多在口感上欠佳。上海的种植成本虽然高，但是离市场近，能最大限度保证新鲜和品质。"地产番茄非常有市场前景。"

于是，他大刀阔斧地调整种植结构，狠下心砍掉了草莓种植，将时间和精力聚焦在番茄上。

在卫亮的带领下，"桃太郎"番茄在金山的种植面积逐渐扩大，越来越多的农户加入种植行列，也成功带动起金山番茄产业的起步。

2022年11月，金山区联合区内主要合作社，以"番茄"为主角，成立了上海金山区番茄研发中心和番茄产业化联合体，以"兵团作战"替代"单打独斗"。卫亮的合作社作为四家核心成员单位之一，主攻大番茄的种植和研发。

展望未来：新农人的脚步永远在路上

眼下，正是"桃太郎"番茄大量上市的时候。为了保证番茄品质和口感，卫亮在种植时"狠下心"来疏果，但目前两三吨的日上市量还是带给他不小的压力，他的想法又一次切中产业发展的要害："番茄的销售渠道还可以继续拓宽，但首先还是要从品牌包装开始。"

多年前，卫亮说过："做农业，种植业是最弱势的，所以要延伸产业链。"后来，他用了两年的时间，在基地里建成了分拣包装的加工车间。他不给自己定长远目标，而是用一个个短期目标激励自己，推动合作社的发展。

站在 2025 年的春天里，卫亮望着连绵的番茄大棚，心中勾勒着新的蓝图：他正筹备对自己的品牌进行全面升级，从品牌主色调、IP 形象、宣传册、包装到农场装饰都将焕然一新；他还计划在电商平台开设店铺，店铺起名为"稀社"；明年他还将尝试种植水果黄瓜，搭配基地的生菜和番茄，打造轻食产品……他有许许多多的想法等待付诸实践。新农人的脚步，永远在路上。

十七载光阴，他从"农门过客"变成"田垄主人"，用青春证明：农业不是落后的代名词，而是充满创造力的舞台；新农人不是简单的职业称谓，而是具有知识、技术与情怀的乡村振兴主力军。当清晨的第一缕阳光洒在番茄叶上，卫亮摘下手套，露出掌心的老茧——那是岁月刻下的勋章，也是一个新农人对土地最深情的告白。

在金山这片希望的田野上，卫亮的故事还在继续。他就像一粒播撒在春天里的种子，在乡村振兴的沃土上扎根、拔节、开花，用不懈的奋斗，书写着属于新时代新农人的华彩篇章。

文：曹佳慧

马云富：
将"田园梦"照进现实，打造未来村庄的"样板间"

"很多中国人都有一个田园梦,希望拥有自己的一亩三分地,种一些自己喜欢的农作物。另外还会希望自己的住所有一个院子,可以闲坐看风景,身心得到放松。"马云富说,自己在沈杨村打造"云野花庐"西餐厅与"畦园"农场的初衷很简单,就是想把自己心目中的理想田园生活建设出来,和有相同爱好的人分享,让大家在这里去去班味,感受到烟火气,获得松弛感,走进"田园生活"。

开业不到一年,马云富的农场和小院已拥有不少固定顾客。有人将这里当作办公室,每天定时带上电脑,点一份简餐配一杯咖啡,一坐就是一个下午,偶尔累了,也会停下望望窗外风景;也有人将这里当作自己的会客厅,时不时会约上三五好友,聚餐聊天,享受着乡村自由的风。2025年的春天,顾村公园樱花节的汹涌人潮,更是让这个距离不到三公里的小院一座难求。

马云富坦言,这里连接了顾村与大场两大镇区,紧邻上海大学、顾村公园及沈杨公园,地理位置得天独厚。自己虽不曾为客流担忧过,但他也没想到,这个未作任何宣传的乡村小院会火得那么快。

"陪伴式"设计为乡村添上新色彩

马云富记得,自己第一次走进沈杨村时,还是以同济大学建筑设计研究院副所长的身份,编制《沈杨村村庄设计》及乡村振兴示范村建设工作。当时,沈杨村正处于市级乡村振兴示范村建设的攻坚阶段，乡村产业虽然有了初步目标，但还面临乡村面貌不够美观、发展路径模糊等问题。沈杨村向同济院求助，院里将这个重要任务交给了马云富。"当时从设计到建设只给了我们三个月时间，为了更好地完成任务，我们决定留在乡村，规划、设计与施工同步进行。"马云富将这样的工作方式称作"陪伴式"设计，这也是他和团队在乡村的首次尝试。

马云富带着团队先将整个沈杨村逛了个遍，在对乡村的地理地貌、道路交通、产业布局及整体风貌有了明晰的了解后，决定不仅要从美学角度提升乡村面貌，还要根据村庄未来的发展目标，在建设用地总量不变的情况下，重新梳理未来的建设用地布局，制定项目建设清单及近远期建设计划，提高产业能级，构建未来村庄可实施的发展路径。

正是这样的决定，让马云富和沈杨村的未来联系在了一起。

看似简单的重新布局实则要考虑到方方面面。"比如有一块80亩的建设用地很规整，但是地理位置比较偏，交通也不是很方便，我们就对它进行了拆分，按照未来交通布局，在关键区域

做了重新规划，这样更利于未来招商以及土地的高效利用。"经过拆分，80亩地被划分为多个文体用地、商服用地灵动布局，以最终实现点状出精品的商业规划，同时，他还不忘留出了15分钟生活圈给村民，建设了休闲健身的场所。

此前，主要做城市规划、中央公园、大型公建及景区设计的马云富曾带领团队成功打造保山青华湖风景区、西昌邛海风景名胜区、泸沽湖风景名胜区等众多风景区，如泸沽湖风景名胜区，通过交通设计、景观打造、业态提升，吸引了大量人流。他十分了解商业繁茂对地方发展的重要性，"这对我或许只是一份工作，对当地百姓而言，是他们的生活。"

"我时常会和村书记探讨沈杨村未来的发展定位，以及期望引进的业态是什么。然后我们再给目标业态留出合适的位子。"马云富说，团队与村干部共同协作，花了两个多月时间，高效高颜值完成了从设计到施工，并通过新的土地规划让沈杨村多块低效用地"重获新生"。

"寸步不离的陪伴，也让我们真正了解到乡村规划的复杂性。"在"陪伴式设计"过程中，马云富也深刻体会到了乡村与城市设计的天壤之别。"在城市，用地边界很清楚；但在乡村，移一棵树都可能需要村委会协调邻里关系。"他发现，在乡村做项目绝不能停留在纸面设计，必须深入理解土地性质、村民关系和村庄历史，这也是乡村规划师存在的意义。

从乡村规划师到"村咖主理人"

2021年，马云富被评选为上海首批乡村责任规划师。这也让他更清楚地认识到，乡村振兴示范村的设计，并不仅仅停留在美学上，更应该将重心放在核心产业的布局上，这样才能让设计出来的好风景得到产业支撑，形成良好循环。

"很多乡村建完以后很漂亮，但绿化、水系、设施等维护成本也很高。如果没有好的产业、经济去支撑维护，乡村的美将无法得到延续，乡村振兴的意义便无法实现。"因此，马云富想到了延伸一步，在建设完成后，尝试从设计师的角度，全身心投入产业项目运营中，全程参与设计建设并亲自运营。"我希望这件事是可复制的。"

经过深思熟虑，马云富打算辞去同济设计院稳定的工作，深入沈杨村，成为一名乡村创客，验证自己规划的可行性。

马云富相中了村里一块18亩园地，打算将它打造成美学农场，让城里人也可以体验"归园田居"的理想生活。他先带领团队对土壤做了修复，并对土地做了切分，以"托管+半托管"的运营模式，开放给市民认领菜园、体验农耕乐趣。同时，他还盘下了农场旁一处闲置的农机仓库，花了近一年时间将其改造成一处"安放乡愁"的空间，让畦园农场的"地主会员们"劳作之余有可以休憩的地方。在他的精心改造下，曾经破败的仓库变成了白墙灰瓦、四季成景的"云野花庐"——一个集咖啡、西餐和围炉煮茶于一体的田园生

座右铭
》》》》》》》

" 听凭风引,与风同行。"

活空间。

当马云富决定辞去同济设计院工作,转而到乡村创业时,身边很多朋友和家人都表示无法理解。马云富的导师更是十分惋惜地对他说道:"小马,你从小在农村里面长大,好不容易在城市里留下来了,怎么又回到农村种地了?"

"很多人不理解,但我看到了机会。"马云富说,自己在做沈杨村村庄设计时,就已经对每个区域的商业用地有了十分明确的业态发展规划。在打造理想院落之前,他已经参与了沈杨村农家菜馆"大岐农庄"的设计,很快这家餐饮店已经成了当地最火的农家菜馆。"这里紧邻市区,不缺人流量,缺的是好的项目。"

沈杨村的花海火了,是马云富当初规划的第一个乡村引爆点。第二个引爆点大岐农庄也如期火爆。这片位于"乡村会客厅"的区域能否成为第三个引爆点？沈杨村将接力棒交到了马云富的手中。

打造自己心目中的理想田园生活

　　从租下土地到进场施工，马云富不仅投入了大量资金，还把自己全部的时间都留在了这里。大半年下来，他皮肤晒得黝黑，人也瘦了整整一圈，许久不见的朋友都快认不出他，他却乐在其中。

　　"小院的景色很美，所以我开了很多大面积的窗，让室内每一个位置都能欣赏美景。""你看，这幅画，是我在试营业前一晚，觉得这里缺点东西，紧急赶出来的。"小院的点点滴滴都融入了他的理念与设计。2024年10月1日，"云野花庐"正式对外营业。马云富并没有对小院做太多宣传，只是偶尔在"小红书"等平台发布小院更新的信息。让他意外的是，"云野花庐"运营不到一个月就达到了饱和，运营第二个月就已经开始盈利。如今，这里不论白天黑夜，客流总会源源不断。

　　在餐饮设计上，为了让这里的常客持续有新鲜感，马云富会根据时令更新轻食菜单，推出限定菜品、饮品；在景观设计上，马云富也会根据四季变化打造不同主题的室外场景，为喜爱打卡拍照的顾客提供满满的情绪价值。

　　此前，"云野花庐"的屋顶落日位火了，马云富也紧跟热点，推出了"云野日落"主题咖啡特饮。橙汁、气泡水与咖啡层层叠叠，变幻出日落的颜色。他还在夏日的夜晚,在小院内打造了户外影院、歌手驻唱,给前来用餐的客户带来更多体验。"云野的夜,各有各的乐趣。"来到这里的客人总能找到自己喜欢的打卡方式。

而先于"云野花庐"开放的"畦园"也不落后,试运营仅一个月,所有开放的共享菜园就已经被"秒光"。目前,"畦园"会员已超过100个家庭。为了让共享菜园管理有序,马云富还制定了会员手册,对卫生管理、安全管理、种植技术、会员福利都做了明确的规定。同时,还建了微信交流群让大家可以交流田园趣事。"我们家的空心菜成熟了,大家有兴趣可以去采摘。""你看,这是我用自己种的萝卜做的创新菜,味道很好,烹饪方式如下……"

马云富坦言,建造初期自己也有过很多犹豫、焦虑、自我怀疑的时刻。"人员管理、资金平衡都是我需要重新去探索的领域。"但马云富坚信,这片未来发展图景清晰,营商环境良好的土地必定能做出成就。"这里是我从设计师转型乡村业态经营者的一个创意盆景,希望这个模式探索成功后,可以复制出更多成功的案例,形成乡村振兴的好风景。"马云富说,小院并不是他乡村创业的终点,只是他探索乡村新业态的一个起点。未来,他还计划继续在乡村尝试打造更多新业态的引爆点,要做出多个乡村样板间,为乡村振兴探索更多可能。

文:施飔赟

王印：

从退役军人到农业产业化领军人

"乡村产业振兴不仅要低头种地,也要抬头看市场。我认为,要积极引入产业链、价值链等现代产业组织方式,推动农业现代化发展。"上海太来果蔬专业合作社理事长王印说。

这位曾身着军装的退役军人,用八年时间在青浦的田间地头书写了一段从"种植小白"到"农业产业专家"的传奇。他的办公桌上,"上海最美退役军人"的奖牌与合作社的规划图并排摆放,仿佛在诉说着两种截然不同的人生轨迹如何在时代的浪潮中交汇、延伸。

军旅烙印下的农业初心:从"橄榄绿"到"农业蓝"

多年前,王印这位退役军人卸下"橄榄绿",用勤劳和智慧,在农业这片"蓝海"中深耕细作,用八年时间,打造成为乡村振兴浪潮中的典型样本。

2017年,怀揣着对农业的赤诚之心,王印在青浦区夏阳街道太来村扎根,开启农业创业。那时,和很多同行一样,太来合作社并不参与农产品的销售和服务环节,农户根据自身意愿选择蔬菜品种。

"散户种植的模式缺乏规模,且难以形成品牌效应以及稳定的渠道。"王印借鉴国外先进的种植管理经验,决定走种植规模化、蔬菜品牌化的路子。合作社一改混杂的蔬菜品种种植,基于对市场需求的经验分析，提出田头主打三样菜：大叶茼蒿、青米苋和广东菜心。

2018年创建太来合作社，王印推行采用"合作社+基地+农户"的产业化模式，引领广大农民加入。为了打消种植户的顾虑，合作社提供了两种选择，一是保底价收购，二是农户找其他渠道销售，没有卖出去的部分由合作社兜底收购。2021年合作社年销售额突破1.8亿元，成为上海市重点农业龙头企业。

王印做过农产品批发市场的产业链后端管理工作，他深知，传统的生产端供应并不能满足日新月异的需求端，"农业种植不能单纯从生产角度出发，经营者要打开思路，与市场接轨，寻求新的利润增长点"。

农业丰产不丰收？产业链要跟上！

合作社走上正轨后，王印也越来越深刻地意识到传统农业的痛点：农户扎堆种植常规绿叶菜，市场价格长期低位徘徊，而超市里的净菜、色拉菜价格高出3倍到5倍。"农业丰产不丰收，关键原因是产业链后端薄弱。"他感到，必须从市场需求端切入进行产业转型！

军营生涯塑造了王印"精准研判、快速执行"的思维，也成为他农业转型期间的有力推手。在摸清了农业种植规律后，他尝试在太来村引种甜杆西蓝花等小众品种，并以20元/公斤的单价供应给山姆超市，亩产1250公斤、亩产值达2.5万元，这个小众蔬菜品种产值是传统蔬菜的5倍。

如何保持产业的生命力，是包括王印在内的新农人一直在思考的问题。在他看来，单单靠机械化或者物联网应用是不够的。王印研究过日本的农业产值构成，发现只有20%来自农业种植，剩下的大部分都来自产业链其他环节。"我们的眼睛不能光盯着种植，而是要将产业链延伸至农产品加工以及农产品市场服务上，也就是'三产融合'，以此提高农业的附加值。"

"年轻人不愿剥土豆皮，我们就把土豆切成丝。"2019年，王印在太来村建起280平方米的净菜工厂，迈出加工转型的第一步。

一筐土豆，由全程10℃以下的冷链运输至加工车间，经过清洗、消毒后去皮待切，根据客户订单需求进行或片或块的切割加工，再进行二次清洗，机器沥水后真空包装、计重贴标、进入冷库，最后根据订单冷链运输至上海全市各个仓库。从进场、消毒、分

包装、计重、装箱、入库，再经运输到市民餐桌，仅需 24 小时。

"未来，人们的需求会越来越依赖净菜。"在王印看来，一来净菜生产是顺应市场需求的必然选择，二来将"毛菜"以净菜方式销售，大大提高了蔬菜的经济效益。

王印果断淘汰大白菜、卷心菜等蔬菜品种的种植，聚焦色拉菜等高附加值的商品加工领域。如今，太来合作社的净菜在盒马的售价比毛菜高 30%，却因免洗免切的便捷性成为热销品，真正实现了"从田间到餐桌"的价值增值。

"消费者没时间熬酱菜，我们就把梅子小番茄做成开袋即食的开胃菜。"未来，王印计划将净菜工厂规模从 500 平方米扩至 2000 平方米，引入酱泡菜生产线，开发出黄瓜核桃仁、秘制菜心等 20 余种产品。

座右铭
》》》》》》》

"
与菜结缘，
润泽万家。
"

构建蔬菜全产业闭环布局

王印的农业版图，是围绕"一棵菜"构建的全产业链闭环。他将青浦三个基地进行功能化细分，形成"种植－加工－配送－文旅"的立体布局。

早年在南通的一次培训，让王印深受震撼：当地草头通过机械化、规模化种植，成本比上海低50%，在市场上占据主导地位。除了在品种的成功选择上，机械化、规模化的种植模式是提高生产效率的一条路径。

经过不断调试应用，太来合作社部分蔬菜种植的耕、种、管等环节均已实现机械化操作。基地内，三名工人只需短短10分钟就可完成一亩地的撒肥、做畦、播种作业。合作社还应用了"神农口袋"服务端，耕种管收全过程实现了可查看、可追溯，为市场提供了放心菜、安心菜。

由于自行采购的农机设备在试用之后大大提高了生产效率，合作社决定采购更多机械设备用于生产作业。蔬菜"机器换人"的成功试水，让王印深感智慧农业势在必行。2024年，基地成功创建成为2024年度上海市蔬菜生产"机器换人"基地，向着智慧农业的目标迈进。

截至目前，太来在上海已拥有1000余亩蔬菜种植基地，基地主打产品均已通过绿色认证，年产蔬菜超过1.6万吨，2024年公司年销售额超1亿元。太来果蔬被评为"全国工人先锋号",母公司润晨农业被评为农业产业化上海市重点龙头企业。

此外,太来基地还成为上海市劳动教育基地,提供农事体验、参观研学的科普教育基地,而赵巷基地即将建成的4000平方米净菜工厂和2700平方米配送车间,将成为连接种植基地与盒马、山姆等终端的"中央枢纽",这一系列大刀阔斧的规划落地,将实现企业一、二、三产业并驾齐驱的发展新图景。

"社会责任是退役军人的使命担当"

"我是一线农民,要更多地为农民发声,带领更多农民过上好日子。"全国农业农村劳动模范、上海最美退役军人、上海市青浦区十大农业创新创业典型带头人、青浦区夏阳街道乡村产业协会会长……于王印而言,这些头衔和身份,是荣誉,也是沉甸甸的责任与担当。

产业发展是乡村振兴的前提和基础。通过平台化销售,王印团队带动周边50余家农户和100余家家庭农场增收。同时,公司还让当地农民实现了家门口就业,并帮助10余名退役军人实现就业。

"农村垃圾处理""青浦茭白产业创新发展""提高农业就业吸引力"……从退役军人到产业专家,作为青浦区政协委员的王印还积极为乡村振兴建言献策，他从农业生产实际出发，指出农业发展中亟须解决的瓶颈问题。

当越来越多像王印这样的"新农人"用工业化思维、商业化逻辑来激活传统农业，农业转型后的模样正变得清晰可见。

回顾转型之路，王印始终强调军人特质对农业经营的影响："农业就像打仗，要有战略规划，也要有战术执行。"从瞄准市场缺口的"精准定位"，到全产业链布局的"立体作战"，再到带农增收的"团队攻坚"，他用军人的执行力，在希望的田野上书写着现代农业的新篇章。

在太来合作社门口，"我们都在努力奔跑，我们都是追梦人"的标语格外醒目。"农业不是退而求其次的选择，而是重新定义的'战场'：居安思危、不进则退。"王印说。

文：许怡彬

王婉：
绘制新"丰"景，
为乡村振兴添砖加瓦

投身农业发展近二十年，王婉一直为当年的选择感到自豪。

"80后""新农人"

一日三餐，大米是常见的主食。有人或许留意到了，我国大米不仅高产，市场上好吃的新品种也越来越多。

不久前，中国水稻研究所发表在《自然》杂志上的一份研究印证了这一点，国产大米确实越来越好吃。2009年至2023年间，我国稻米的全国平均食味评分值从74.9分稳步提升至80.3分。

舌尖上的幸福不断升级，一个重要基础是粮食产业的高质量发展。农产品食味品质变化是多种因素造成的，贯穿品种选育、生长、采收、贮藏、运输等整个生命周期。持续提升食味品质，需要着眼于粮食生产各个环节，强化农业科技创新。从改良育种遗传到优化田间管理等全链条的技术进步，造就了人们餐桌上一碗碗香喷喷的大米饭。

上海良元农产品专业合作社成立于2001年，主要从事粮食、果蔬种植及销售，拥有仓储、加工等农业设施用房3500平方米，冷藏库2500立方米，拖拉机11辆，农业秸秆粉碎机3辆，运输车辆6台，另配备机直播、机插秧、全自动起垄机、蔬菜采收机等农业机械设施。良元合作社以自有品牌为载体、以分工协作为基础、以利益联结为纽带，牵头组建稻米产业联合体，实现了从卖稻谷到卖品牌米的产业升级。2022年,良元入选农业农村部《全国农民合作社典型案例》。

上海良元农产品专业合作社位于上海市浦东新区航头镇。干净整洁、宽敞明亮是基地给人的第一印象。在靠近大门口的一间办公室里,合作社主理人王婉正在忙着核对今年的联合体成员名单,规划农机上门、农技巡查等田间管理工作。

王婉是土生土长的南汇人,个头娇小,笑容可掬,大家对她最多的评价是"温婉"。"同学们都以为我会成为都市丽人。"聊起自己的职业选择,王婉感慨道,"和大家的想象差距有点大。"大学毕业后,她一头扎进田野,开始种地务农。对于这个出人意料的决定,王婉只用了四个字回应——子承父业。

就这样,对土壤改良、品种挑选、田间管理、产品加工等环节一窍不通的她,一头扎进这片热土。"专业的事,要交给专业的人去做。"工商管理专业出身的王婉,在生产经营方面有很多妙点子。她一直认为,乡村振兴需要用跨学科的视角去破解,而不是一个专业一揽子解决所有问题。为此,王婉推行"五统一"管理制度,规范产品的生产、销售流程,打造"企业+合作社+农户"运行模式。

2018年,航头镇大胆试水农业产业化"抱团"发展,通过形成以地域品牌为载体的农业产业化联合体,推动一、二、三产业互相衔接配套。作为牵头单位,良元联合另外6家农民合作社、

21个家庭农场、17名种植大户,成立了上海良元稻米产业联合体,以"良元"为统一品牌,实行统一生产标准、统一包装品牌、统一销售,发展"订单农业"。

"管理者""服务员"

每年水稻的种植季,都是王婉最忙碌的时候。"年初,联合体会为成员单位确定粮食种植品种,并以合同形式固定收购价。"王婉介绍道。在种植生产过程中,所有成员单位使用的秧苗、绿肥、有机肥等,都由良元合作社以成本价提供,其间包括插秧、收割、脱壳、烘干等各环节,也由良元合作社专项农机服务队提供服务。"我们是一个双面角色,既是管理者,又是服务员。"

据介绍,良元合作社通过培训示范和实地指导,引导联合体成员不断精进种植技术,落实标准化操作规程,从源头把好水稻产品质量关。稻谷收割后,安排成员统一种植草头等绿肥,通过

机耕还田的方式增加土壤肥力。为保证大米口感，合作社指导成员在稻谷七成熟的时候采收，并统一低温烘干，使稻谷水分保持在14.5%，以保证大米的营养和口感。

不仅如此，联合体还制定了成员单位"准入门槛"，明确加入联合体的成员需达到50亩以上种植规模，遵守浦东新区农业绿色生产管理规范，认可并接受联合体各项考核要求。联合体对收购的稻谷在杂稻率、杂质率等方面做出明确要求，并依据稻谷品质对成员进行考核打分，年度考核分值与第二年分配给成员的订单量增减挂钩。联合体对低于品质标准的稻谷不予收购，年度考核分值70分以下的将被取消成员单位资格，从而倒逼成员专注主责主业，形成优胜劣汰的良性管理机制。

王婉敢想肯干，不怕吃苦。"刚开始推行这个模式的时候，老一辈的农户不愿意加入。他们想着'哪有这么好的事情'。"彼时，联合体成员种植的水稻面积约3000亩，仅占浦东新区水稻种植面积的1.8%。"我们想让每一个农民都能尝到现代农业发展的硕果。"秉持这样一份初心，王婉在每个环节上都亲力亲为，"我们就用事实说话。"

围绕成员单位产前、产中、产后各环节需要，良元合作社提供相应的公共服务。在政策咨询方面，全面梳理农业补贴政策，推动联合体成员单位有效利用农业资源、资金和项目。在资源共享方面，根据成员单位农业设备及场地供给情况，加强统筹规划

座右铭
》》》》》》》

"
If you think you can, you can.
"

　　和与政府部门的沟通协调，推动实现区域内农业设备及场地资源共享，主动适应现代都市农业产业链升级需要。在技术服务方面，联合体成员抽调农机特长人员 6 人，组建农机专项服务队，由良元合作社协调组织，为成员提供专业化服务，并依托农村"家门口"服务站点，开展经常性的技术交流。

　　从"吃得饱"到"吃得好"再到"吃得健康"，如今人们对饮食的追求在不断升级。这既是健康意识提升的表现，也是政策积极引导的结果。在抓产量、盯安全的同时，王婉在推动农业绿色发展、提升食品营养健康方面着墨颇多。为了保证成员单位水稻质量，王婉聘请农业技师，通过定期巡回的方式为农户提供技术指导和培训。在销售方面，良元依托地域公共品牌"金牌大米"，包装设计、展销形象，并完善农产品质量安全追溯系统，在倡导绿色农业的同时增加农产品附加值。

品杰家庭农场位于航头镇长达村，农场主钱品杰是首批加入联合体的成员之一。问起加入联合体的感受，钱品杰满脸笑意，"产品不愁销路，我只管种出优质绿色的农产品就可以了。"除了通过"定制收益"来保底，联合体还在此基础上叠加"分红收益"制度，以利益联结为纽带，将联合体真正打造成农业产业联盟。

在村民看来，良元之所以能赢得大家的信任，凭的就是要让村民发家致富的一股干劲。"平等协商、互惠互利、合作共赢，是我们的宗旨。"王婉说，"每年销售季结束后，我们都会按照成员单位农场水稻的种植规模来返利。"联合体统一销售农产品获得的收入，在扣除生产经营管理成本后，会将可分配盈余的60%根据联合体成员的交易量（额）进行"第二次分配"，即"分红"。

据统计，2024年，联合体营业收入3000余万元，实现利润185万元，年内盈余返还112万元，成员人均分红2.5万元。此外，联合体还会将每年净利润的20%作为"发展基金"，用于拓展销售渠道、支持成员扩大再生产等；10%作为"风险基金"，建立自我管理、内部使用、"以丰补歉"机制，提高联合体成员应对天灾人祸、市场波动的抗风险能力。长年累积、未使用的风险基金也将转化为"发展基金",为联合体成员发展新业态提供资金支持。

"农业产业比较依赖外部环境。如果遇到特殊情况,导致水稻颗粒无收,那么该成员单位当年的土地流转、人工等费用,我们也会用基金进行补贴。"王婉说,"除了抗风险外,这笔资金也有利于我们发动成员单位培育试种新品种,如试种失败就全额补贴,这样也能进一步推动农业发展。"目前,联合体成员已经发展到13家合作社、17个家庭农场、37个种植大户,水稻种植面积7000余亩。

一碗更好吃的大米饭,牵动着从田间到餐桌的全链条,也见证着提升农业农村发展质量的不懈努力。"我是农民的孩子,从事农业是我的理想和事业。"王婉说,"我会继续立足乡村振兴的时代要求,有效发挥致富带头和示范引领作用。"

文:刘晴晓

王黎娜：

在农村寻求广阔发展空间，"扁豆姑娘"干劲足

清晨五点的浦东泥城镇，晨露未晞。紫红色的青扁豆花在薄雾中悄然绽放，农户们灵巧的手指在藤蔓间翻飞，一颗颗形似猫耳的扁豆被轻轻摘下。

"我们的青扁豆要赶在露水消散前完成采摘，这样才能锁住最新鲜的滋味。"上海红刚青扁豆生产专业合作社"掌门人"王黎娜边说边检查着刚运来的扁豆。这位被乡亲们亲切称为"扁豆姑娘"的85后，已带领合作社创下华东市场70%、上海市场90%的惊人占有率。

她就是"扁豆姑娘"

青扁豆，这个炒制后会由紫转碧的特色蔬菜，承载着王黎娜最温暖的童年记忆。"小时候跟着父母凌晨五点收扁豆，天还蒙蒙亮。"抚摸着饱满的豆荚，她回忆道。2010年，当看到父亲王红刚为扁豆事业熬白的双鬓，这位银行白领毅然辞职回乡，接过了沉甸甸的"扁豆接力棒"。

"青扁豆种植3～5年，土壤的氮肥就会过多，病虫害也会叠加，于是我们就考虑用水旱轮作的办法改良土壤。"跟随父母种植青扁豆和在交大攻读农学硕士的经历让王黎娜积累了丰富的农业知识。王黎娜说，在大棚设计的时候就是考虑可以种水稻的，水泥柱比较高，而且这些步道都是排灌水设施，不影响大棚钢结构。

"外部环境调整好了,种子也要'焕新'出发。"王黎娜深知,好品种,是种得好的根基。在交大农学院的实验室里,王黎娜团队培育的"红刚三代"青扁豆正在显微镜下展示着基因密码。这项让产量提升7%、产期延长三个月的育种和技术突破,是她科技兴农的冰山一角。

我们在基地见识了令人称奇的"扁豆魔法":水旱轮作的大棚里,扁豆与草莓演绎着"红绿二重奏";套种的小番茄和水果黄瓜正通过电商平台走向千家万户。"15元一斤的番茄供不应求!"王黎娜笑着揭开智能温控系统的面纱。"青扁豆与水稻轮作、青扁豆和草莓套种等科研项目,既提升了土壤肥力,又增加了产量,大大提高了经济效益。"王黎娜说,这样做既能增加农民种植的丰富性,又能实现提前采收,一举多得。

除了在品种上积极探索外,在红刚青扁豆合作社"二次创业"的征程上,王黎娜也进行了不少尝试。

过去,合作社都是过秤付款,收购的场面热闹又混乱,一旦出现一点差错,就会影响整个收购进程。两年的银行工作经历,让王黎娜决心用现代管理模式来解决这个难题。

开设农资配送仓库、搭建农产品结算中心、设立农产品检测室……一批农产品服务窗口在合作社生根发芽。现金结算、周期多元的"农产品结算中心",不仅让种植户积极性提高了,工作质量和效率也都有所提升;开在田间地头的农产品检测室,牢牢守护舌尖上的安全；一体化农资配送仓库，让田间管理变得有条不紊。但，合作社的经营也并非永远顺风顺水。作为年轻的当家人，合作社遇到的各种困难、风险，都需要王黎娜来面对和解决。其中，最为棘手的是前几年突发的菌核病导致露天种植的青扁豆大面积死亡的难题。

2015年的夏天，是合作社历史上的至暗时刻。当时正值青扁豆大规模上市的旺季，受连续阴雨天的影响，一种未知病菌突然侵袭了青扁豆种植生产区，大量青扁豆接连死亡。"种植了20多年青扁豆的爸爸说，从来没有遇到过这样的情况。当时除了为收成感到揪心，更多的是对未知的恐惧和无措。"在各方努力下，合作社最终明确了这种病菌——扁豆菌核病。"这就是扁豆界的传染

病,特别是在低温梅雨季节,风传播、人传播、雨传播,扩散速度惊人。"提及多年前的场景,王黎娜依旧心有余悸。

菌核病集中发生在露天种植的扁豆上,而大棚里的扁豆躲过一劫。团队发现有效的防治方法就是避雨。现在,基地里自动喷淋系统与遮阳网构筑起立体防线,更创新出"一年双茬"种植模式,缩短采收周期。"以前是一年种一茬,现在按传统时间收掉一茬,七八月的时候再种一茬,从种子种下去到采收只需50天,不仅缩短了周期,而且头茬的品质更好。"看着藤上开满紫的、白的花,猫耳朵一般的扁豆一点点长大变红的时候,王黎娜感觉,城市发展和留住乡愁,从来并行不悖。

扁豆的"文艺复兴"

为助力扁豆事业高质量发展,王黎娜专门去上海交大攻读农学硕士学位,研究风景园林。

在王黎娜的创意工坊,扁豆盆景正绽放着蝴蝶兰般的优雅。"扁豆花会吸引蝴蝶来驻足。"她轻轻转动一盆试验品介绍道。扁豆开花时长出一串串紫色或白色的花,形状和蝴蝶兰类似,有点清香,不时会引来蝴蝶;养在阳台上平时可以观赏,果实成熟了,三个盆景摘下的青扁豆还可以炒成一碗菜呢。现在,王黎娜组织培育出的扁豆盆景已经试销市场。与此同时,两条深加工生产流

座右铭
>>>>>>>>

> **成功不在于得到什么,而在于对社会奉献什么。**

水线已在红刚青扁豆生产基地铺设到位,并已通过少量试制。

王黎娜介绍说,目前深加工扁豆已有两款新品,即扁豆干与扁豆丝,系脱水产品,看着说明书拌一拌或炒一炒便能吃,且较新鲜扁豆口味更佳,吃到口里没豆腥味。"鲜扁豆比较嫩和糯,而切丝的扁豆干吃起来比较筋道有嚼劲,有着与鲜扁豆完全不同的风味。"谈起深加工,王黎娜对未来充满期待,"我们要让扁豆从菜篮子走进零食筐!"

如今,行走在泥城镇,"扁豆楼""扁豆车"已成为乡村振兴的生动注脚。目前,王红刚、王黎娜父女领衔的上海红刚青扁豆生产专业合作社,已经成为全国最大的青扁豆规模化生产基地。以泥城为中心,红刚青扁豆生产专业合作社带动7000多农户实现亩产万元，产业链辐射 7 个镇。王黎娜的手机相册里，满是农户新房上梁的喜庆画面。"父亲常说，一家人好不算好，一个大家庭好才算好。"这位年产值 2 亿元的合作社掌舵人，正在规划扁豆主题乡村旅游的新蓝图。

"成功不在于得到什么，而在于对社会奉献了什么。"这是"扁豆大王"王红刚的座右铭，现在也成了女儿王黎娜的信条。在王黎娜眼中，"三农"是一份富有情怀的事业，"家是最小国，国是千万家。一个个小个体都发展起来了，国家就能日益富强"。

2017 年，31 岁的王黎娜荣获全国农业劳动模范称号，受到了习近平总书记的亲切接见。2020 年，她又作为乡村振兴领域的建设者代表出席浦东开发开放 30 周年庆祝大会，再一次见到了习近平总书记。"我幸运地遇上了一个伟大的时代。"王黎娜说，能以一颗小扁豆致富一方百姓，是她的幸运和幸福；而把"小扁豆做成大产业"，持续带动农民增收，将乡村振兴落在实处，则将是她不懈的追求。

"精品城区、现代城镇、美丽乡村，是城乡一体化发展的美好图景。"王黎娜说，她小时候，不管读书还是安家，很多人往惠南镇去，现在，泥城镇也慢慢成为别人向往的地方。

现在，青扁豆不仅能卖到长三角地区，也在与科研院校合作扁豆智能化种植项目。如何让城乡融合发展得更有活力？王黎娜常常琢磨，怎么立足特色让城里人爱上乡村？据介绍，合作社开发了系列乡村旅游项目，如采摘、研学等，市场反响热烈。

暮色中的扁豆大棚亮起星星点点的补光灯，宛如一片璀璨的星空。这位新时代的"扁豆姑娘"，正用科技与情怀，书写着乡村振兴的芬芳故事。

文：刘晴晓

毛盾:

田野搭台,咖啡为媒,唱响田园牧歌

在村里开一家咖啡馆是什么体验？在松江泖港镇胡光村，"HULA胡光里"的主理人毛盾正过着双面生活，她既是穿梭于城市楼宇间的舞台导演，也是在田野间经营咖啡馆的乡村创客。这位艺术专业出身的"90后"城里人，从零经验跨界经营村咖，到单日咖啡订单量可达百单，她将艺术灵感植入乡村，正以创新思维和美学视角重塑乡村空间，打造农文旅融合创新的乡村消费新场景。

"乡村是我新的创作阵地"

步入胡光里，率先映入眼帘的是大片花团锦簇的"莫奈花窗"，阳光洒下，五彩斑斓的光影交织成唯美的油画世界。大大小小的卵石和石板，构成了小桥流水的景观。翻阅手绘菜单，"禾下胡光""漠田白鹭""橄游丰年"等16款特调饮品，口感各有特色和丰富的色彩，展现泖港各个村落命名的特色魅力。

从咖啡选品到场景营造，再到艺术展陈、潮流版画等细节布置，都体现了毛盾及其团队对于乡村的灵感。毛盾与浦南乡村的结缘，始于泖港田园艺术节。已连续举办六届的泖田艺术节，着眼于"艺术创新+城乡共融"，是松江乡村商旅农文体展融合联动发展的品牌项目，以"稻田+生态游"为特色，通过举行丰富多彩的文化交流、乡村市集活动，搭建起城乡对话的田园舞台。

毛盾作为柒加青年剧社项目总监，长期从事群众文艺创演与组织、文旅宣传与推进工作，参与多届泖田艺术节策划，见证艺术在乡村持续"生长"。"艺术节开幕前，我们往往会提前一个多月到乡村踩点，那段时间会集中驻扎在乡村。"毛盾说，"对于从小在城市长大的我来说，乡村实在是太吸引人了。"2023年，第一次来到泖田艺术节"主场区"胡光村，她就留下了很深的印象。春耕时的水田如镜，秋收时的稻浪翻涌，随着四季更迭，她对这片土地产生了深厚情感。

如何让艺术节赋能乡村建设，形成可持续的运营模式？2024年，毛盾带着一群90后、00后组成的年轻团队，怀抱着田园梦，继续泖田艺术节"文化乡建"理念，以青年创客身份一头扎进了胡光村，用18天时间爆改村里闲置农房，打造了"HULA 胡光里"乡村共创空间项目，并在2024年12月正式开业。

时尚、创新、富有活力，毛盾将胡光里定位为"乡村艺术+"空间，希望这里可以融合多元化元素，将年轻人喜欢的、好玩的东西都囊括进来。在保留江南民居原始肌理的基础上，融合了乡村元素与现代艺术风格，并精心设计了"莫奈花窗""梦核鱼缸"等打卡点，让老宅成为乡村生态美学新空间。

乡村美的更多可能性

HULA 胡光里的院落总流淌着松弛与诗意,已然成为都市人卸下疲惫的精神栖居地。咖啡的醇香裹挟着田野的芬芳,市民或是倚在座位上,喝着咖啡欣赏田园美景,或举着相机追逐光影,将艺术装置定格成朋友圈的九宫格。乡村美学和治愈松弛的环境,使得胡光里一跃进入松江网红村咖行列。

"我们一直保持在创作的过程中,每隔一段时间,我们还会对空间置景进行翻新,让市民每次来这里,都能得到与之前不同的体验。"主理人毛盾将对待舞台精益求精的态度,延续到乡村空间的日常运营中。虽然在咖啡餐饮上经验不足,但丰富的艺术资源、源源不断的策划创意,是胡光里的独家亮点。

为避免千篇一律,毛盾将本土风味融入文创衍生品,让市民既饱眼福又饱口福。依托泖港镇盛产的松江大米,开发出泖田·米酿汽水、泖田软糕等衍生产品,受到市场喜爱。"这不仅是设计一款产品,还是营造整体沉浸式的消费体验,为顾客提供更丰富的情绪价值。"毛盾说,胡光里设计了米酿的展示摊位,通过木质结构设计,呈现自然开放的空间,透过摊位可以看到广阔的稻田,顾客可以手持米酿,在金黄麦浪中品米酿,沉浸式体验丰收。

"与其说是单纯地创造乡村美,不如说是激活乡村本就存在的美学基因。"发现乡土的价值,形成新的消费创造力。河流、湖泊和涵养林等自然风光，农耕文化、民俗风情等深厚的历史文化底蕴，都是滋养创作的要素。比如，将特色乡土文化浓缩于饮品中，饮品"漠田白鹭"来源于腰泾村的白鹭群和白鹭诗社，饮品"撷华青蓝"来源于泖港村的非遗扎染工艺，成为流动的文化符号。

谈及从舞台导演跨界到新农人，身份转变让毛盾收获一片专属的桃花源。"有一块可以种菜种花的土地，是我从小梦寐以求的。而周末在咖啡馆，和来往的客人闲谈，认识新朋友，这是和完成一场演出不一样的获得感。"实际上，这不是毛盾第一次跨界。2017年，在上海视觉艺术学院就读播音主持专业的她，因为梦想，选择从上海市区搬到松江，在柒加剧社工作。现在，因为梦想，她在乡村探索新天地。

随着深入乡村，毛盾认为这里不仅承载着田园梦，还能成为青年施展才华、创造更多可能性的舞台，也希望吸引更多青年人才来到乡村，一起开拓未来。"我们希望这里可以成为大家了解浦南乡村的窗口，也成为青年创客的聚集地。"毛盾说。

松江鼓励"商旅文体展农"融合发展，出台了一系列政策措施，为乡村发展搭建了良好的平台。毛盾担任泖港镇青年创客党建联盟支部书记，党建联盟聚焦"三新"领域，即新经济组织、新社会组织和新就业群体，为青年创客提供了交流经验、共享资源、共谋发展的合作平台。"初衷是让更多人看到乡村，激发大家共同参与乡村振兴的积极性，青年创客们带着各自领域的创新项目和

座右铭
》》》》》》》

" 向上生长，向下扎根。"

前沿理念，为乡村带来了新的发展思路和活力，共同谋划乡村发展新图景的更多可能。"毛盾说。

当前，毛盾团队已经吸引并帮助 7 家青年创客公司落地泖港，提供创业指导、资源对接等实际帮助，如同"创业管家"般助力青年创客、艺术家们落地乡村。其中，首批落地胡光村的霜露稻来是一家开在大巴里的自拍馆，将废弃公交车内部装饰成可供拍照的各种主题场景，顾客只需购买"登车票"，就可以在馆内进行自拍，出片的布景吸引众多年轻人前来打卡。

共绘乡村新色彩

在胡光里开业之前，四周环绕着广袤的农田，村舍也距离遥远，村民很少会经过那片区域。自从胡光里落户于此，村民们傍晚饭后散步的轨迹便延伸到了这里，他们三三两两地结伴而来，好奇地打量着咖啡店里的光景。这时毛盾都会邀请村民进来坐坐，聊聊天。

胡光里不仅是都市人的充电站，也得是村民们的客堂间。"来到乡村，我们就在想着怎么样才能融入乡村，为村民做些什么。"毛盾深知，不能偏居乡村一角只忙自己的，要吸引更多村民参与到乡村建设中，为他们带来新鲜体验。于是，她拉着村民一起拍时尚大片，爷爷奶奶们一开始放不开，而在一声声引导和赞美中，村民主动摆起拍照姿势，动作越来越自然。

胡光里还聘请了村里阿姨负责卫生，阿姨很爱跟店里的年轻人聊天，对咖啡馆的新事物都非常感兴趣，"之前一次媒体采访的时候，阿姨也出镜了，还和外国博主交流起来，奇妙的体验让她更加开朗。"现在她在打扫时总哼着小调，有客人夸她精气神好。在这样一次次接触中，新老村民的距离也慢慢拉近了。

"天气好时，我们还会在村里开设露天电影，组织音乐会、戏曲演出等，为村民带来更多文娱活动。"同时，胡光里还将打造成为新时代文明实践的重要阵地，积极宣传移风易俗、家风家训，弘扬乡风文明新风尚。

"胡光杉色集"是毛盾正在开发的乡村集市品牌。"通过泖田艺术节，我们累积了很多参与集市的商家资源，艺术节带来的反响也证明乡村是有市场的，我们计划将乡村集市常态化，让其成为市民周末好去处。"目前,在胡光里已经举办了两场集市活动,吸引众多当地农民、手工艺人以及美食商家入驻,汇聚了大量特色农产品、手工艺品和地道美食,让游客在购物的同时,也能充分感受乡村文化的魅力。

毛盾坦言,现在回忆起来,第一次经营咖啡馆也是踩了不少坑的。"在试运营的一个月里,并没有我们想象中那么顺利,收到了很多意见和反馈,也会被打击到。我也是慢慢调整好自己的心态,去及时解决问题。"房屋空间如何应用?如何应对客诉?面对问题,一群志同道合的伙伴头脑风暴,想方案,一起让胡光里运营得越来越好,这让毛盾积累起信心。

在社交媒体高曝光带来流量,而细水长流则要靠持续规划和运营。当前,胡光里仍处于不断生长的阶段,毛盾正酝酿着扩张计划。"胡光里"不仅仅是一家咖啡馆,而是要将农文旅有机结合。为此,毛盾正在打造多元融合的社区,建设乡村艺术空间、集市等多个功能区域,为不同游客群体提供乡村游更多的选择,进一步拓宽当地农文旅产业发展消费新场景。

"新农人的身份,是对我的肯定,也让我觉得离乡村更近了。"怀着一腔热情、一份真心,从城市到乡村,当咖啡香漫过田埂,年轻人不再是乡村的过客,而是建设者,以艺术浸润乡土,毛盾正在乡村碰撞出新的色彩。

文:张孜怡

卢俊杰：

葡萄架下编织梦想

在上海金山，施泉葡萄是一张亮丽的名片。提起它，人们总会想起"葡萄大王"卢玉金精湛的种植技术，以及那香甜可口的葡萄。而如今，施泉葡萄园又有了新的故事：智能大棚拔地而起，本土培育的葡萄新品种崭露头角，跨区新建的园子也在宝山落地生根……这一系列新变化的背后，都离不开一个人——卢俊杰。这位曾在都市里打拼的白领，毅然回到了从小长大的葡萄园，一步步成长为年轻的"葡萄达人"，用智慧和汗水为传统农业注入了新的活力。

从都市到田园的生物钟革命

清晨六点，金山区吕巷镇的施泉葡萄园还笼罩在薄雾中，卢俊杰的闹钟便准时响起。这个曾在写字楼里穿梭的90后青年，如今已习惯了田垄间的晨光。他低头钻进葡萄大棚时，露水还凝在叶片上，折射出与都市截然不同的生活光谱。

虽然在葡萄园里长大，但在2019年以前，卢俊杰的生活轨迹与"农业"的关联度，仅停留在假期回园子里打打下手。计算机专业毕业的他，曾在杭州的广告公司打拼，在日本的研修经历更让他见识了现代产业的精密节奏。

父亲卢玉金的劝说并非心血来潮——这位"葡萄大王"深知，传统农业需要注入新鲜血液。当卢俊杰站在葡萄园里，看着父亲二十余年培育的葡萄藤在风中轻晃，他突然意识到，这里或许藏着另一种人生的可能，等待他去挖掘和实现。

转变从最基础的作息开始。上班族时期的他每天八点半起床，如今却要在七点前抵达果园。最初的挣扎如同调整齿轮的咬合，闹铃设置了三重。三个月后，他无需闹钟就能在六点自然醒来，原来他的生物钟已与葡萄的生长周期悄然同步——就像精密仪器完成了一次校准。

抹芽工作是他的"农业启蒙课"。二月的葡萄园里，葡萄藤萌发出两三个新芽，如同等待梳理的脉络。卢俊杰跟着工人弯腰观察，指尖在藤蔓间游走，感受"中庸"的微妙平衡——芽太旺会消耗养分，太弱则影响坐果，这种凭经验判断的"分寸感"，需要反复练习才能掌握。

大棚里的智能革新

基础工作逐渐上手后，2020年的春天，卢俊杰在葡萄园里开启了"智慧农业"的探索。施泉葡萄合作社30000多平方米改良大棚里，传感器如同神经网络般分布，实时采集温度、湿度、光照数据。当系统监测到棚内温度达到一定界限时，大棚会自动开启或关闭，以此减少人工控制大棚开关的工作量。仅此一项，就可在春季葡萄管理中节约25%的人力。这项被称为"双模覆盖

8440型"的栽培模式改革,让传统的葡萄园终于迎来智能革新。

卢俊杰的变化和付出,父亲卢玉金都看在眼里。"新农人这个身份他适应得不错。"谈起儿子,老卢的言语里满是认可和骄傲。而小卢也不辜负父亲的期待,在浙江农林大学继续进修,专攻育种,他的研究课题聚焦于"葡萄分子育种",试图从基因层面破解"好吃"与"好种"的平衡难题。

在这位新农人的心里,品种是核心竞争力。2024年夏天,施泉葡萄与上海农业科学院共同研发的葡萄新品种——"申歆"正式上市,受到了广大市民的喜爱。

"为了研发出更优质的品种,我们起初做了一些杂交品种,从中选出好的组合,不断优化栽培技术,进化新品种。"培育"申歆"的日常工作十分琐碎,卢俊杰每天都要观察葡萄的状态,病虫害的发病记录,什么时候修剪都一一记录下来,"其实葡萄种植并不特别麻烦,但时间上要把控好"。

座右铭
》》》》》》》

" 以智慧浇灌藤蔓，种出上海顶尖葡萄。"

卢俊杰介绍，作为一款精心培育的早熟品种，"申歆"不仅继承了传统葡萄的甘甜多汁，更融入了一抹淡淡的玫瑰芬芳。相较于备受喜爱的"巨玫瑰"品种，"申歆"葡萄展现了更为全面的优势。它不仅在丰产性上有显著提升，更以早熟的优势抢占市场先机。在品质上，"申歆"更是胜出一筹，味道更加浓郁醇厚，坐果率稳定可靠。

2024年夏天，在施泉葡萄园的包装车间，常常能看见卢俊杰的妻子黄蕾对着手机镜头展示刚采摘的葡萄。这位曾经的都市白领，如今已能熟练运用镜头语言，将葡萄园的日常变成生动的"带货素材"。线上销售渠道的搭建，是卢俊杰"农业＋互联网"战略的核心板块。他为施泉葡萄开设了微店和淘宝店铺，并与各生鲜平台合作，拓宽施泉葡萄的批发渠道。跨品类的供应链协同，则展现了他的全局视野。当葡萄销售进入淡季，卢俊杰与周边种植户组建的"农二代联盟"开始发力：冬季的草莓、橘子，夏季的小皇冠西瓜，通过统一的物流体系发往全国。

在转型战略中播种新可能

宝山区罗泾镇的新苗村葡萄园，对施泉葡萄品牌发展很重要，对卢俊杰来说更是意义非凡，因为他终于获得了一片尽情施展身手的天地，全面负责品种布局、栽培技术、品牌建设。

卢俊杰说，这里是自己"二次创业"的战场，他浑身充满了干劲。新基地前期建设时，卢俊杰一周要跑两三次现场，和村里协调，看工程进度，施工过程中因为小苗已经种下，还要安排工人去施肥浇水。

这片离市区仅30公里的土地，被他视作"农文旅融合"的试验田。当推土机平整土地时，他站在规划图前勾勒出未来图景：采摘大棚、酿酒工坊、科普教室的布局，如同构建一个沉浸式农业体验空间。"这里要做葡萄的'场景化消费'。"他指着规划中的亲子体验区解释，"让城市孩子亲手采摘葡萄，参与酿酒过程，最后带着贴有自己名字标签的酒瓶回家。"这种将农业生产转化为消费场景的思路，源自对现代消费需求的洞察。

眼下，宝山葡萄园即将迎来第一年的挂果，卢俊杰不敢懈怠，几乎天天金山、宝山往返跑。当遇到种植技术上的难题，他便第一时间向父亲请教。不过，父子俩偶尔也会出现意见分歧，新老思维的火花里，碰撞出施泉葡萄品牌发展的新探索。

"申华"品种的买断决策，是父子俩思维碰撞的经典案例。卢玉金最初对高额品种转让费心存疑虑，而卢俊杰则看中了该品种的市场潜力。原来，"申华"是由上海市农业科学院精心培育的本土品种，经过数年试种，在基地众多葡萄品种中独树一帜，凭借其大粒、无核、易种、高产、肉质厚实、散发酒香以及浓郁风味等众多优点，不仅在粒度上超越了"夏黑"，更在种植便捷度和产量上胜过了"醉金香"。此外，其耐运输、不易掉粒的特性也大大减少了损耗，售价每斤高达40元，依然吸引了大批抢购者。

这几年，"申华"已经开始了广泛的推广种植，有望在未来逐渐取代某些"洋品种"。如果能牢牢抓住这个品种，将对葡萄园甚至金山区的葡萄产业发展产生积极而深远的影响。最终，老卢听取了小卢的建议，在2024年完成了品种权转让。"申华"葡萄将依托金山区葡萄产业化联合体进行规模化、品质化种植，让更多消费者有机会品尝到这款不输"洋品种"，好看、好吃又好种的本土葡萄。

上阵父子兵，一个负责种植技术，一个为品牌注入发展新动力，父子俩的代际差异，在葡萄园里逐渐转化为"经验库"与"新思路"的协同合作。

回到葡萄园六年,卢俊杰的皮肤已经晒得黝黑。父亲获得的诸多荣誉于他来说并不是压力,而是前进的动力。这位新农人的葡萄梦,始终带着务实的创新精神。他清楚,从"申歆"到下一个新品种的研发周期可能长达 10 年,需要耐得住寂寞。但他坚信,当实验室的科研成果、大棚里的智能系统、云端的销售网络形成闭环时,葡萄产业终将完成从"跟跑"到"领跑"的蜕变。

从宝山葡萄园回金山的路上,卢俊杰想起父亲说过的话:"葡萄藤要深扎泥土,才能结出甜美的果实。"此刻他终于明白,所谓新农人,正是要做连接泥土与时代的桥梁——让传统农业在科技与市场的滋养中,长出新的枝丫,结出更富生命力的果实。

文:曹佳慧

付茂：

跳出舒适圈，为打造具有市场竞争力的"华系种猪"不懈奋斗

2013年5月,作为一家农业民营企业,上海祥欣畜禽有限公司斥资2000万元从美国引进865头"高端定制"种猪。2017年1月,上海祥欣成为国家首批两个全国生猪遗传改良计划种公猪站之一。从种猪领域的"小老弟",到行业里的"排头兵",上海祥欣通过从品种到品质再到品牌的迭进,形成了祥欣模式,跻身为全国一流、世界级水平的畜牧种源品牌企业。

"我们可以自信地说,如今,含有上海祥欣基因的商品猪占全国上市商品猪的十分之一。"上海祥欣畜禽有限公司党支部书记、董事长付茂,是全国生猪遗传改良计划的生力军,也是"祥欣种猪"品牌的赓续者。

全国每10头生猪就有1头有"祥欣血统"

农业产业的跃迁,靠的是什么?

一个答案,是科技赋能。

"尽管中国拥有世界最大的种猪基因库,但因缺乏科学、系统性的选育与综合性的开发利用,本土种猪不太适应中国快速发展的市场需求。"工作期间,付茂学习对比了国内外种猪优劣,"国外种猪生长周期为6个月,瘦肉率可达60%以上。但进口种猪在缺乏持续系统性选育的情况下,很容易陷入'引种—退化—再引种—再退化'的恶性循环,长期看,摆脱不了对国外种猪的依赖。"

面对这一现状，祥欣决心向着高科技、高质量、高附加值的种猪领域进军。

"都市现代农业离不开科技赋能，要大力加强技术攻关，走自主创新的发展路子。"

"遭遇'卡脖子'，倒逼我们自己干。"

从"造得出"到"造得精"、由"大"转"强"，每一步攀登，都有科技的支撑。对此，付茂感触很深。

2000年是新世纪伊始，也是祥欣走向种源农业的元年。从一开始，祥欣就引进当时国内最好的"大白""杜洛克"和"长白"3个品种的纯种猪，并进行组群选育。2002年，又引进了150头当时国内最优秀的美系种猪。因为好品种的引进，祥欣育种很快在业界打下了比较扎实的基础，到2009年底，祥欣已形成了超过1000头的优良纯种猪核心群。

"品牌的核心是品质，种猪质量就是祥欣种猪品牌的品质。"付茂介绍道，2012年，祥欣团队赴美国选种，历经两个多月，走遍全美著名的种猪场选种，查遍了全美74个顶级种猪家族的谱系，并以高出种猪市场价8000美元的"高端定制"价格，选了865头优质种猪。当运载着美国名猪的包机降落在上海浦东国际机场时，"祥欣种猪"吸引了中国猪业乃至全球种猪行业人士的瞩目。

据悉，这些年来，这批身价不菲、几乎囊括了全美最优质的种猪资源的美系种猪，就在位于上海浦东东滩的祥欣东滩国家生猪核心育种场内。

祥欣生产基地内，智能温控以及有害气体监测等设备，正将实时数据持续传输至后台。在这里，每一头猪都有自己的身份记录，每一天的数据都及时上传、更新，科研人员定期为生猪做精细化的B超体检。

强大的数据采集以及分析能力，是生物育种企业提升效率的核心赛场。付茂介绍说，在重点养殖区域，设有智能测定食量的"小食堂"。每当种猪来此进食，系统就会自动检测其进食量，对比进出前后的体重等数据并上传。基于自主知识产权的数字管理平台，祥欣可以随时随地实现全流程远程数字化管理。此举既提高了生产效率，也为拓展生产规模创造了可能性。

付茂坦言，种猪从实验室走向农户，育种是核心，扩繁与推广是关键，如何串珠成链实现育繁推一体化是难点。为此祥欣不仅在提升数字化水平上下功夫，还在关键技术上寻求突破，以期进一步扩大市场份额。

"我们对标国内国际领先技术，建设完成了一整套高端种公猪站。祥欣对全国 100 家原种猪场的贡献是很大的，通过公猪的精液交流，我们跟 1/3 的国家核心育种场建立了遗传联系。"付茂说，上海祥欣种公猪站经过几年研究探索，已建立完善严格的管理流程，公猪精液生产制作、精液质量监测管理等生产数据均实现电脑信息化管理。对每头公猪精液都会留样监测，保证用户使用精液的质量要求。同时，祥欣还开发了精液订购平台软件，从而打造了互联网时代网店式精液订购平台。

矢志不渝打造"华系猪"

"在 2016 年，我们就做到了全国每 10 头生猪，就有 1 头含有'祥欣血统'。"付茂说，推动种公猪站建设，构建全国性的畜牧种源高地，是加快我国良种体系建设的重要基础。为掌握种源自主权，打造具有市场竞争力的"华系猪"，祥欣团队与中国科学院、上海市农业科学院、美国普渡大学等科研院所在生物科学领域开展合作，在全基因组育种、动物生殖生理、种猪遗传评估等方面进行深入研究，进一步提高种猪性能和扩大优秀种猪基因覆盖范围。

功夫不负苦心人。2017 年，中国猪业科技大会在重庆召开，大会从全国 327 家育种协作组成员和 92 家国家生猪核心育种场中评出了 6 个育种工作优秀奖和 9 个遗传进展最佳奖，在这场"育种国家队"的大比拼中,上海祥欣公司斩获两项殊荣,其中大白种猪遗传进展名列全国第一,充分体现了祥欣作为国家生猪核心育种场在种猪选育技术与种猪性能上的水平与实力。

"随着基因组测序等先进技术手段在国内推广应用,在育种技术方面,国外已经不存在压倒性优势。"经过多年的实践,祥欣更加坚定信心,只有发展高科技农业,才能在上海站稳脚跟、谋求未来。从2018年起,祥欣开始在国内生猪主产区布局区域种公猪站,以及以种猪扩繁场为纽带的育繁推一体化体系。

2021年,祥欣构建起"要素服务科研"的创新管理体系。付茂主导建立的10万支冻精基因库,涵盖杜洛克、长白、大白等优

座右铭
》》》》》》》

"
精耕种猪业,匠心育良种,品质赢未来。
"

质品种，形成国内领先的种质资源储备体系，并通过推动常规育种技术与全基因组选育技术融合，创新建立"BLUP+基因芯片"双轮驱动模式，使祥欣种猪基因年传递量突破 5000 万头，占全国生猪上市量 10%，真正实现"良种惠农"。

面对全国 15 个省市布局的 20 余个公猪站和扩繁场所形成的良种辐射网络，付茂力推数字化转型，主导开发了"互牧云"3.0 智联系统，实现种猪全生命周期数据云端管理，年处理育种数据超千万条，获评行业智能化标杆。在成果转化方面，开创"核心技术+标准输出"模式，将祥欣育种经验转化为可复制的技术方案，带动全国祥欣产业链整体升级。

"我做农业的感悟是两个'有'：有意思，有意义。"付茂坦言，跳出原来工作的舒适圈，跨界做农业，内心波澜起伏，喜忧参半：喜的是面对工作，永远保持不惧挑战、勇于奋斗的矢志初心；忧的是面对全新领域的本领恐慌。"那个时候的我，面对畜牧知识可以用如饥似渴来形容。"付茂说，从各类材料的阅读学习，到不错过每一次和行业大咖交流的机会，四年间，付茂一直在充实自己。

"作为'农二代'不能只想着'守好'祥欣，原地踏步就意味着不进则退。"参与组建上海种猪工程技术研究中心，聚力攻关全基因组育种、疫病净化等关键技术，计划五年内培育 3 个自主知识产权配套系……着眼"十五五"种业攻坚目标，付茂前瞻性布局种源"卡脖子"技术突破。他提出"双十工程"战略：建设

10家区域扩繁场、30家种公猪站,实现年推广种猪15万头、精液500万份,致力打造中国种猪行业的"上海名片"。2024年,上海祥欣共向市场销售推广优质种猪2.5万头,推广优质常温精液107万份,育繁推体系产值达13亿元。

从最初的传统养殖转型种源农业,到成立了上海种猪工程技术研究中心,拥有了全国最大的猪冷冻精液产业化生产基地……一路走来,上海祥欣步履不停。"近年来,我们也在向生物科技企业转型,用科技赋能种业振兴。我们的目标,是打造出具有自主知识产权的养猪行业'中国芯'。"付茂说。

文:刘晴晓

孙菁旌：

做农业更踏实，更有成就感

从"金融人"转型成为"新农人",上海今粹农业专业合作社理事长孙菁旌对"三农"事业有自己独到的见解和发展规划:"我希望能从一个生产型农业企业向科技型农业企业升级。"

2016年,毅然辞去金融工作、躬身农业的"85后"海归孙菁旌,从零开始学,身兼数职的她不仅在上海青浦区金泽镇的一座生态岛上创立了今粹合作社,还飞得了无人机、进得了实验室、下得了农田,打造了"今粹"品牌,用农业工业化的理念走出一条集生态、科技和产业创新为一体的农业发展新"稻"路。

弃商从农,从"金融人"变身"新农人"

"2016年一次偶然的机会我来到金泽,被这里的美景和生态所深深吸引,所以就立志赴乡村创业。"青草芬芳、白鹭成群,金黄稻穗在微风下沙沙作响……自然和谐的乡村氛围深深打动了在金融界"打拼厮杀"的孙菁旌。那一刻,她决定弃商从农,在金泽开启人生的农业事业。

从"金融人"变身"新农人",在不少人看来,这个巨大转变需要不小的勇气,而对于孙菁旌来说,只是遵从本心。因为父亲是同济大学生命科学院的教授,从小的耳濡目染,早已在她心底种下对农业喜爱的种子。

金泽种植基地位于一级水源地淀山湖旁,良好的生态环境非常适合农业种植。延续金融行业的工作习惯，孙菁旌在大规模种植水稻前进行了一系列的行业调研，向国内外水稻种植专家请教、探讨，经多方调研后认为该环境大概率能种出优质的大米。确定了方案可行性和技术路径规划后，她就毅然决定深耕水稻产业。

"技术控"挖掘农业附加值

从事农业的过程中，孙菁旌颇为重视研发，希望能挖掘农业更高的附加值。"我比较喜欢进实验室，对研发方面很感兴趣。"有点"技术控"的她希望每一件事情都搞明白，米为什么好吃？就要分析稻米的成分、蛋白质含量、淀粉含量等一系列相关的维度指标，"由于日本的气候与环境与我们比较相近，我会去日本参加他们的稻米协会年会，进一步了解他们最新的技术和参数。"

与此同时，合作社更注重自身的研发实力提升。合作社与复旦大学等高校合作成立精品稻米研发中心，组织国内外专家开展"优质早熟粳稻品种的引进示范""微纳米气泡水稻育秧技术的应用与推广""木霉—纳米硒叶面肥在农田中水稻作物上的应用""基于s-烯虫酯的食用稻谷储藏害虫绿色熏蒸技术研究"及"竹篙薯（野生山药）、可生食的水果土豆等高附加值农产品的引入试种"等一系列农业新技术研究。

为了培育更优的水稻品种，从2019年开始合作社每年都会举办稻米品鉴会,邀请国内外专家、同行共同品鉴、研讨。近年来,通过优质稻米新品种的研发及产业化开发、与高校合作,已成功研发和选育出"今粹1号""今粹8号"等优质水稻新品种,在市场上广受好评。多年实践积累下,合作社以"水—水稻—水生态"为逻辑线,逐步创设了具有今粹特色的生态农场模式,目前,合作社拥有绿色示范基地1667亩,打造有今粹稻米、今粹花卉和今粹教育三大业务板块。

每年,合作社研发投入不小,占到年利润的20%以上。如何持续确保研发投入?"我们合作社品牌化运营得还不错,目前已经慢慢地打造成一个优质的农产品品牌。"孙菁旌表示,提高品牌效益可以促进农业产业良性发展,优质农产品销售收入的一部分可以支撑农业研发投入,也保障了农产品品质的不断提升,形成一个正向循环的闭环生态。

同时,"今粹彩稻画"项目也为合作社创造了多样的田间产出附加值。

以稻田为画纸,用彩稻作画,一幅幅巨型艺术画作在田间徐徐铺开,从初现时的惊艳,到创意的不断萌发,孙菁旌带领团队与浙江大学合作,创立"今粹彩稻画"项目,组建了一支专业的彩稻实施团队,打造出"育种+设计+实施+运营+品牌"五位一体特色商业模式。"我们看到的不仅是一幅水稻画,更是科学家们在育种技术上的突破与创新。"据介绍,该项目在全国推广已超过7000亩。

如何考虑智慧农场的"经济账"?

作为一个从金融行业转行的"新农人",孙菁旌对于农业的认识和思考角度与传统农人大相径庭。

从零开始,一点点学习"怎么种""种什么"之后,她考虑的不是单纯如何在单位土地上产出最大化,更多的是"如何形成一个技术模型""是否能构建一个可复制的商业模型"。按照这个目标,今粹合作社一开始就注重合作社数字化发展。

无论是最初的"三品一标"建设,还是ISO9001质量管理体系认证,都凸显出合作社对于生产标准化的重视,通过生产、加工过程的标准化管理,建立一套成熟的数字管理系统,将原本靠经验来运行的农业转变为能够用数字化形式规范运营的产业,从而实现农产品品质稳定。

推进农业农村现代化,在水稻种植领域,智慧农场的建设无疑是一条具有创新性和发展潜力的路径。2024年,位于青浦区重固镇的"今粹智慧农场"建成,逐步实现从一个生产型农业企业向科技型农业企业的升级。

智慧农业要经历从机械化到信息化,再到智慧化的过程。孙菁旌表示,目前,今粹合作社已经发展到信息化阶段,还把ERP(企业资源计划)和WMS(仓储管理系统)系统植入管理系统,实行全部区域电子化数字系统管理,所有生产计划、农资出入库、

座右铭
》》》》》》

> " 做农业就是一个扎根的过程,根深才能叶茂,本固方可枝荣。"

农事操作都统一进入电子化管理系统,让所有的农事操作可记录、可追溯,农业信息化管理向前迈了一大步。

智慧农场建立成本高,水稻种植利润又低,乍看之下,投入与产出不成正比。从金融转行农业的孙菁旌,不可能不考虑这笔"经济账"。

"我当时测算过人力成本分布,管理人员的成本和负责种植人员的成本比例是 1:1,而使用数字化系统管理,就是要让管理人员负责管理的种植面积呈几何级的增长,要大大降低管理人员和种植人员的比例,这样看来,智慧农场的技术投入是值得的。"孙菁旌说。

智慧化的初衷是应对农业从业人员老龄化,改善农业行业的就业结构。"机器换人"是农业机械化的一个重要趋势，不仅提高了农业生产的效率和质量，还降低了农民的劳动强度和安全风险。

对此，孙菁旌表示："更重要的是希望通过智慧农场的建立，能够吸引更多年轻人进入这个领域，我觉得他们才是未来的希望。"无论是种植管理系统，还是辅助决策系统，都能够大大降低对农业管理人员的从业要求，可以让更多年轻人担任管理岗位，从而解决农业"谁来种地"的难题。

从"机器换人"到解决种植管理流程规范化，信息化的实现可以进一步推动农业技术向智能化、高效化方向发展，为农业可持续发展注入了新的活力。

"我是一个农民，是个入行快 10 年的新农人"

"我是一个农民，是个入行快 10 年的新农人。"举手投足间尽显婉约的孙菁旌这样的自我介绍总能让人眼前一亮，不禁疑问：现在的农民都这样了吗？

从资管 2 亿元的都市白领，到飞得了无人机、进得了实验室、下得了农田的现代农民，她对自己的定义是不设限的。

除了担任合作社理事长，孙菁旌的另一个身份是上海市政协委员，这就意味着身兼数职的她需要承担更多的社会责任。在

2025年1月召开的上海市政协专题会议上,她提议将虹桥花谷打造成国际花卉综合交易集散中心,助力上海花卉产业高质量发展。

孙菁旌介绍,花卉产业是促进消费升级的朝阳产业,一头连接农民,一头关联市民。上海拥有庞大的花卉消费市场,2024年,上海花卉消费量达376亿枝,交易额超450亿元。预计到2030年,消费量将攀升至1167亿枝,交易额有望突破1400亿元。所以,发展花卉产业是上海建设国际消费中心城市的重要构成部分。然而,当前上海缺少一个具有一定规模的国际花卉综合交易集散中心。因而,加快构建市级国际花卉综合交易集散中心,显得尤为重要且紧迫。

丰富的海外求学就业经历、扎实的农业一线生产管理经验,让她站在时代的前沿作出冷静且理性的抉择,提出具有前瞻性和可操作性的建议。

回顾来时路,身为新农人的孙菁旌感慨:"我觉得做农业更踏实,更有成就感。"未来,她表示将继续在农业科技与农业生态方面深耕钻研,也希望更多的有志青年来到青浦,共同建设更美好的乡村。

文:许怡彬

朱媛：

从英语老师到红美人柑橘代言人的甜蜜转身

在锦雄生态园，空气中弥漫着柑橘特有的清甜。朱媛蹲下身，轻轻托起一颗饱满的红美人柑橘，阳光透过枝叶在她指尖跳跃。这个动作她重复过无数次，但此刻，当她两岁多的女儿跌跌撞撞跑来，用小手学着母亲的样子抚摸果实时，朱媛突然感慨良多——多年前那个在寒冬中打包时偷偷抹泪的自己，绝不会想到有一天，这片土地会以如此温柔的方式回报她的坚持。

新娘子"嫁到"

曾经，朱媛是教培行业一颗璀璨的新星。站在讲台上的她，眼中闪烁着自信的光芒，凭借扎实的专业知识和出色的教学能力，在教育领域闯出了一片属于自己的天地。一人带8个班级，这份忙碌且充实的工作不仅是对她能力的考验，更是她努力奋进的见证。日复一日，她精心备课，耐心解答学生们的每一个问题，看着学生们在自己的教导下不断进步，她的内心充满了成就感。凭借着突出的表现，她成功晋升为校区负责人，未来的职业道路一片光明，似锦的前程在她面前徐徐展开。

命运的齿轮悄然转动，一次偶然的相遇，让朱媛的人生轨迹发生了巨大的改变。经人介绍，她结识了后来的丈夫。两人在相处中渐生情愫，爱情的花朵绚烂绽放，不久后便步入了婚姻的殿堂。而这一场婚姻，也让她与农业结下了不解之缘。

原来，朱媛的公公徐俊雄是金山有名的"柑橘之王"，他成功将"红美人"引进上海，并在金山牵头成立了产业化联合体。随着年纪的增长，他对家中的这对小夫妻寄予了厚望。他深知，农业的发展需要新鲜血液的注入，于是他毫无保留地将种植技术传授给儿子，也希望能培养儿媳成为经营能手。

2020年，新婚不久的朱媛追随丈夫的脚步，从老家浙江丽水来到上海金山，开启一段充满未知的人生新篇章。

朱媛到现在都记得刚来到果园的情景。在她的印象里，那年冬天格外寒冷，正是红美人柑橘上市的季节，全家人都围着"红美人"转。初来乍到，人生地不熟、对农业一窍不通的她，只能负责打打下手、发发快递。那些日子里，她裹紧羽绒服，蹲在锦雄生态园的仓库里清点、打包、发货。冻得微微发红的手指在面单上划出歪斜的字迹，身后是堆积如山的柑橘礼盒。

作为曾经管理8个班级的英语老师，此刻她面对的"学生"变成了不会说话的柑橘和纸箱。

此前,在她的人生辞典里,从来没有出现过农业这个关键词。"继承家业",成了她生命中最大的意外。

在酸涩的日常中积累糖度

"那个时候经常想妈妈,想回家。"朱媛回忆初到果园的时光,声音里仍带着微微的颤抖。生活的单调、内心的落差和无人倾诉的孤独,像一把把钝刀,慢慢侵蚀着她的心灵。果园的日子,没有城市的五光十色,没有热闹的社交活动,每天面对的只有果树和无尽的劳作。生活的圈子变得越来越小,曾经那个充满活力、在城市中穿梭忙碌的朱媛,仿佛被禁锢在了这片土地上。她的青春年华,似乎也在这单调的生活中渐渐失去了色彩。

生活越发酸涩,但朱媛却没有被打倒。在这段艰难的磨合时光里,女儿的诞生为这个家庭带来了新的希望和欢乐。看着女儿可爱的脸庞,朱媛心中涌起一股前所未有的力量。尽管照顾女儿让她更加忙碌,留给自己的时间少之又少,但她想起了妈妈的话:"多做点总没错的"。

是啊,多做点总没错的,多学点总有用的。她差点忘了,那个吃苦耐劳、充满干劲的自己。于是,她鼓起勇气,重新审视自己的生活,努力在这片果园里找到属于自己的价值。

虽然公公婆婆不让她干农活,但她还是一有空就扎进田里。

"我可以不做,但不能不懂。"朱媛说,了解"红美人"的种植过程,是为销售打好基础。在公公的悉心指导下,朱媛开始接触"红美人"的种植技术。她像一个求知若渴的学生,认真聆听公公的每一句话,仔细观察每一个种植步骤。从土壤的改良到果树的修剪,从病虫害的防治到果实的采摘,她都用心去学习、去实践。

为了成为一名懂技术、会经营的新农人,朱媛积极参加一场又一场培训。通过这些培训,她不仅学到了专业的农业知识,还拓宽了自己的眼界和视野。她了解到了现代农业的发展趋势,看到了科技在农业领域的广泛应用,这让她对果园的未来充满了信心。

在酸涩的日常里,朱媛用自己的努力化作养分,就像"红美人"在气温变化中积累糖度,日子终于一点一点好起来。

为"红美人"代言

在学习种植技术的过程中,朱媛也在不断思考着果园的经营问题。她发现,红美人柑橘虽然品质优良,但随着果树的丰产,销售压力会越来越大。如何把果园的名气打出去,如何更好地销售产品,成了她日夜思考的问题。

一次偶然的机会,她看到了不少年轻农民为自家产品吆喝、代言的短视频,受到了很大的启发。何不尝试自己拍摄视频,为自家的优质"红美人"代言?于是,她拿起手机,开始尝试拍摄自

座右铭
》》》》》》

> " 土地不会说话，但也不会骗人。"

己的宣传视频。

"饭后来田里转一转，摘两个'红美人'做餐后水果。""像故事书里的场景，梦幻又仙气~爱丽丝梦游的仙境有没有一片硕果累累的果园呢？"在朱媛的视频号里，几乎每一条视频都由她自己策划、出镜。虽然没有专业的设备和拍摄经验，她一遍又一遍地练习拍摄技巧和剪辑技术。如今，镜头前的她面容姣好、阳光开朗，总是面带微笑、用亲切的话语向观众介绍着果园的点点滴滴，自豪地展示基地里的"红美人"。美景加美人，画面很是吸睛。

没想到，这些视频一经发布，就收获了关注。不少人看了朱媛的视频后，被红美人柑橘所吸引，纷纷来到果园采摘、消费，还成了她的粉丝。看着果园里越来越多的游客，朱媛的心中充满了成就感。

实现梦想的果园

随着果园知名度的提高，朱媛也越来越忙碌。果园成了研学基地，她负责带领学生们参观、讲解。每次面对一群群充满好奇心的学生，她总是耐心地解答他们的问题，用生动有趣的方式向他们介绍农业知识。她希望通过自己的讲解，能让更多的孩子了解农业、热爱农业。除了接待学生，她还要负责文书类工作，帮忙送货、参加培训，每天的生活都被安排得满满当当。

"有人说我牺牲了事业，其实土地给了我更大的讲台。"在忙碌的同时，朱媛也没有忘记提升自己。她积极参加各类交流活动，加入乡村振兴女带头人联谊会，努力拓宽自己的交友圈和人脉。在这些活动中，她结识了许多优秀的新农人，从他们身上学到了很多宝贵的经验。她也会分享自己的故事和经验，与大家共同探讨农业发展的新路径。

一路走来，朱媛也有不少印象深刻的事。她说，第一次代表合作社进行项目汇报时，自己紧张到手发抖。虽然她曾经在教培行业也见过不少大场面，但这次的汇报却让她倍感压力和紧张。因为她深知自己的表现可能会影响到果园未来的发展，所以感到底气不足。在汇报台上，她明显感觉到自己的声音在微微颤抖，她努力调整自己的呼吸，尽量让自己的声音保持平稳。这次经历让她明白，自己在农业领域还是太"嫩"了，只有不断学习积累，才能在困难中成长。

此后,她又有多次申报项目和主持活动的机会。随着时间的推移和实践的沉淀,朱媛变得越来越自信和从容。曾经那个面对果园生活感到迷茫和无助的她,如今已经成为果园的经营能手。家人朋友看到她拍的科普视频,都惊讶于她的身份转变,而她自己早已乐在其中。

现在的朱媛,更愿意活在当下。她享受着果园里的每一个日出日落,感受着大自然的美好。和女儿一起逛果园、捡鹅蛋,成了她最幸福的时光。看着女儿在果园里开心地奔跑,她的心中充满了温暖。这片曾经让她感到陌生和迷茫的果园,如今已经成为她的家,成为她实现梦想的地方。

朱媛说:"最好的甜,永远带着一点点酸的回味。"这或许就是当代新农人最真实的滋味——在土地与梦想之间,他们终将苦涩酝酿成甘甜,让每个转身都值得期待。

文:曹佳慧

安浚：
赋予植物数字生命的科技农夫，在智慧农业浪潮中扬帆

在黄浦江奔涌的代码洪流与陆家嘴的钢铁森林之间，安浚执一盏科技之灯，探寻着农业数字化革命的更多可能。这位身着西装却脚踩泥土的跨界先锋，正以物联网为犁、AI为种，在滴翠智能科技（上海）有限公司（以下简称"滴翠智能"）的试验田里，书写着"比特"与"稻穗"共生的时代寓言。

创业觉醒：当硅谷思维邂逅千年农耕

安浚的转型绝非偶然。昔日在商海搏击练就的鹰隼般洞察力，在皖南某片蔫萎的油菜花田前骤然聚焦——灼热的阳光炙烤着佝偻的脊背，粗糙的双手与静默的田野无声对峙，这一幕像一记重锤叩响了他骨子里的极客基因。

"传统农业就像4G时代的诺基亚。"安浚在创业手记中犀利比喻，"我们要给每株作物装上智能芯片，让土地学会说话。"2018年的某天，安浚摘下销售公司的金领工牌，将全部身家押注在一张画满传感器图标的PPT上，自此开启"数字农民"的奇幻漂流。

安浚出生在贵州的山区。聪明、勤奋的他早早便走出家乡，求学于空军某学院。毕业后投身金融行业，积累了丰富的销售技能和管理经验。"当时，我的底薪是1350元，收益主要靠销售提成。我一个月最少能挣八九千元，多的时候能挣到三万块钱。"安浚说，刚毕业的那几年，他一直想创业，做自己的事业。金融圈的磨砺让他深知市场运作的法则,但也让他看到了传统行业的瓶颈。

一次偶然的机会,安浚接触到智慧农业的概念,心中那颗创业的种子悄然萌芽。他开始深入调研,发现农业数字化是一片蓝海。"我来自农村,深知农业的艰辛,也同样深知农业不可或缺的重要性。"安浚说,让广大农民享受到科技进步带来的应用成果,是他们把高新科技带进农业的初衷。于是,安浚毅然决然地踏上了智慧农业的征途。

万事开头难。创业初期,技术团队组建不易、市场对智慧农业的认知度不高等问题,像一座座大山横亘在安浚面前。但他丝毫没有退缩。凭借着过往积累的资源,安浚四处奔走,积极寻求投资。同时,他亲自参与技术团队的招聘工作,深入高校与科研机构,寻找志同道合的专业人才。在一次次的碰壁与坚持中,安浚终于迎来了转机。收到农业资深投资人的橄榄枝后,他与团队夜以继日地研发,首款智能农业传感器在试验田里初露锋芒,数据精准反馈,作物生长态势一目了然,智慧农业的曙光初现。

"创业就像一场未知的冒险,虽充满荆棘,但只要心怀信念,就一定能开辟出属于自己的道路。"安浚表示,创业过程中,公司一共遇到三个比较大的困难:一是产品技术架构的跑偏;二是商业模式的跑偏;三是资金链短缺。提起"纠偏"过程,安浚感慨万千:"每一次调整都是对初心的考验,我们不断优化技术,调整策略,最终找到了正确的方向。"

光照和水肥要多少？虫害怎么处理？几百、上千亩农地，每一亩地的情况都不一样，该怎么办？滴翠智能制造了一套智慧农业物联网系统（基于植物生长 AI 模型的农业种植数字化控制云平台），通过田间地头放置的传感和通信设备，实时将各种数据通过物联网传到 AI 云平台上，再不断地训练人工智能去综合处理数据，就像给农场请了一位 24 小时在线的"云监工"，让这个"数字化作物农场"的设想成为可能。

"在我们看来，农业数字化，首先要实时了解植物的状态，有没有病虫害和农药残留等问题。于是滴翠智能研发一款针对植物本身进行检测的传感器，它能在不直接接触植物的情况下，通过多光谱来识别植物的状态并做数据解析，不需要花费大量的人力去采样分析，而且因为有 AI 的加入，能比传统的传感器更为精确和高效，让用户可以通过一张张光谱图来见证植物的生长状态。"安浚介绍道，农业生产里充满着无数的变量，即使同样一块农田，不同的天气对施肥浇水的量都有很大影响，同时还得考虑到光照情况、虫害等因素。滴翠智能使用动态 AI 算法，通过传感器参数进行多目标最优 AI 计算，根据植物的生长状况和环境条件，动态调整水、光照、肥料等资源的供给，实时动态规划，优化资源分配，使植物得到最有效的利用。

2018 年以来，滴翠智能自主研发基于植物生长 AI 模型的农业种植数字化控制云平台，集广域通讯、局域自组网、边缘计算、

座右铭
》》》》》》》

"
潜心科研，
敬畏自然，
敦厚踏实，
内求诸己。
"

集成电路控制系统、LoRa 基站为一体，快速建立完善的物联网通讯和控制系统，形成从"采集—分析—策略—执行"的 AI 自主决策方案，助力客户在生产端形成数字化智能化作业的完美闭环，大力提升产品竞争力。

如今，公司已获得国家高新技术企业、科技型中小企业、人社部全国优秀创业创新项目等认证。公司项目荣获第五届"中国创翼"创业创新大赛乡村振兴专项赛二等奖、首届"全国退役军人创业创新大赛"现代农业组三等奖等多个奖项。截至目前，滴翠智能获得国内外多家基金参投，射频通信芯片模组销售全球15个国家，连续两届被评为毕马威全球"芯锐"50强。

技术革命：给农田装上"数字神经"

当安浚带着智能设备走进大佛龙井育苗示范项目时，茶农屈指敲了敲机器外壳："这小盒子能比俺们的经验更有本事？"三个月后，茶苗在数据流的滋养中舒展嫩芽，香气参数被量化成26个维度，农户们惊喜地看着显示屏上跳动的产量曲线。

滴翠智能的技术帮助茶农实现了对茶园环境的精准调控。通过传感器实时监测土壤湿度、温度和光照强度等数据，自动控制灌溉系统、遮阳设备等，使得茶树生长环境更加适宜，茶叶品质得到显著提升，产量也增加了不少。茶农们从最初的怀疑到如今的信赖，纷纷竖起大拇指："这高科技，真是神了！"

成功案例迅速在业内传开，吸引了更多农业企业和合作社的关注，滴翠智能的版图越铺越广。新疆万亩棉田化身"露天服务器机房"，无人机与智能灌溉系统跳起机械芭蕾。就连上海某屋顶菜园的都市白领，都能通过App围观自家番茄的"生长直播"，实时监控生长数据。

如今，滴翠智能的工作室里，一场静默的农业文艺复兴正在上演。

云端大脑：3000种植物在算法中"数字孪生"，云南的咖啡树与山东寿光的番茄在数据世界里隔空对话。当传统农技员还在凭经验判断时，这个云端"农业专家"已能精准预言每片叶子的生长轨迹。

感官革命：田间地头遍布着"电子侦察兵"——能尝出土壤pH值的智能探针、可嗅到病害气息的多光谱摄像头。在江苏某葡萄园，当人类尚未察觉时，传感器网络已提前72小时预警霜霉病，挽救整季收成。

能量跃迁：翠灵盒子6代如同会思考的"变形金刚"，其边缘计算能力让新疆棉田在断网状态下仍能自主决策，灌溉效率较人工大幅提升。"我们要让设备像野草般顽强。"技术总监展示着淋雨测试中的设备，"在台风天也能持续传输数据。"

在技术的赋能下，农业不再是靠天吃饭的传统行业，而是迈向了智慧化、精细化的新时代。科技的光芒穿透田野，智慧农业的种子在广袤大地上生根发芽。据了解，目前，滴翠智能开发出了可以实时同步温室和农田的设施运行和植物生长过程的数字孪生系统，在天姥金叶产业园已得到应用，实现带动村民就业3000人次，增收30万元，并且辐射全国27个省（市）400多个县，带动就业超百万人次。

对于企业未来的计划，安浚非常简单明了："我们着力于智慧农业装备的产品研发，在这方面我们已经有领先的细分产品了。

接下来，我们将会更加努力地投入研发，尤其是在光谱传感器领域，打算做一些深耕，要力争技术全球领先，还要让农民用得起、用得开心的智能装备产品、数字化软件系统。"

当同行沉迷于设备销量竞赛时，安浚已站在"农业元宇宙"的门口：实验室里的虚拟农场正训练着新一代 AI 农学家，区块链技术让每颗草莓都有"出生证明"。"我们不是要替代农民，而是让千年农耕智慧乘着科技火箭，抵达星辰大海。"那些曾质疑他的种田老把式们不知道，这个"新农人"，正悄悄在服务器集群里，为华夏大地编写新的二十四节气歌。

文：刘晴晓

张克红：

让秸秆变"黄金"，虾稻共"起舞"

每年开春之时，位于奉贤区的上海传云蔬菜种植专业合作社虾稻轮作基地便会开始新一季的小龙虾苗捕捞和投放工作。虾苗塘中，每隔几米放置一张地笼网，合作社理事长张克红熟练地套上橡胶下水裤，拿上塑料盆，走入塘中。只见她敏捷地解开地笼网口，随后提起地笼网，小心翼翼地将虾苗倒出，不一会儿，活蹦乱跳的虾苗就装满了塑料盆。

从事农业十几年，这样的工作早已是张克红的日常。在沪郊的田野上，她并非一味地埋头苦干，而是以女性特有的细腻、坚韧和智慧，为传统农业注入新活力。如今，她正在为上海农业的创新实践和可持续发展提供新的思路和方法。"上海农业大有可为，只要我们敢于创新、勇于实践，就能在这片土地上创造出属于自己的精彩。"张克红说。

从舒适区到田间地头

张克红婚后与丈夫生活在南京，"家里条件不错，我也有一份稳定的工作，两人本可以过着舒服的日子，谁能想到现在却在上海种田，一种就是十几年。"

2010年，张克红和丈夫来到上海，看望在沪郊从事蔬菜种植的父母。这让她第一次对于传统农业有了认知，"那时我父母辛辛苦苦种了一年的菜，结果却遭遇极端天气和市场波动等，种的蔬菜都卖不掉，眼看就亏损严重。"

张克红看在眼里，急在心里。她心疼父母的劳动，便决定与丈夫留下来，帮助父母卖菜，"那时候我们也都不懂，只是凭借着一股冲劲，每天早出晚归，四处联系经销商送货，有时干脆睡在车里。"好在最后，父母的劳动成果总算有了些许回报，"那一年卖了将近30万元，扣掉成本，虽然只是刚好不亏损，但也比都烂在地里强。"

正是这一经历，让她深知，农业是国之根本，但传统农业的发展模式面临着诸多挑战，需要有人去探索、去创新。为此，她一头扎进了上海农村的广阔天地，义无反顾地踏上了充满挑战与机遇的道路，决心在沪郊这片土地上书写自己的农业篇章。

2012年，张克红决定转型，从种植蔬菜变为收入更为稳定的种植水稻，"第一年没有经验，流转了近100亩水稻，结果种出来亩产只有200斤左右。"第二年，张克红认真学习、查阅资料，咨询农业专家和当地的老农，成功将亩产提高到了1000多斤。"那时候就很有成就感，也觉得自己是不是真有做农业的天赋。"张克红开玩笑说。

如今，合作社的水稻种植面积已扩大到一万多亩。为了不误农时，张克红不吝惜购置农机，"不管有没有补贴，只要生产有需要，我们就想办法买来。"张克红说，目前合作社已有大大小小各类农机100多台，不仅自己使用，还为超过一万亩的水稻田提供农机服务，她和丈夫也早已成为了全能农机手，"不管是育秧、插秧，还是植保飞防，水稻耕种管收的各个环节、各种农机，我们上去就能操作。"

探索秸秆综合利用"变废为宝"

在探索农业新思路、新模式的道路上，张克红始终秉持着创新的理念。稻秸秆的处理一直是一大难题，大量的水稻秸秆直接还田，不仅浪费资源，还对环境造成影响。张克红敏锐地察觉到其中的机遇，她积极探索秸秆综合利用的新途径，建立了以水稻打捆机为核心的水稻秸秆饲料化和基料化技术体系，形成了完整的产业链。

2014年，水稻种植愈发有声有色的张克红开始学习国外农业的先进经验，进入秸秆综合利用的实践领域，"那时候还不到30岁，浑身充满干劲，我就和老公四处打听，即便是政策不明朗，还是在没有什么补贴的前提下先行先试，花了不少钱购买拖拉机、秸秆打捆机等，投身这一事业。"

张克红的尝试在第一年就有所收获，她将稻秸秆推销到了30多家畜牧企业用作饲料，为合作社增加了不少收入。可惜好景不长，2015年开始，越来越严格的生态环保要求，让上海的许多畜牧企业逐步清退，张克红也流失了不少客户。

好在她并没有因此气馁，"我始终觉得这件事很有发展前景，所以就想尽一切办法把稻秸秆利用起来。"彼时，张克红接触到了青储秸秆这一稻秸秆综合利用的新兴产物。"将带有水分的秸秆切断、柔丝打包密封,经过自然发酵后,再给奶牛吃。"在合作社的土地上,可以看到引人注目的一个个巨大的秸秆垛,张克红介绍,这些就是发酵后打包好的青储秸秆,主要提供畜牧业企业用作饲料,不仅营养价值更高,口感更好,也更利于奶牛的吸收。这一尝试,为她的稻秸秆综合利用之路指明了新的方向。

在张克红不断探索实践下,合作社每天平均处理秸秆 250 吨,年平均与上海各相关牧场签订销售订单 6000 吨,平均每年可解决 1 万余亩水稻秸秆的饲料化和基料化利用。这一模式不仅保护了农村的环境,还为合作社带来了额外收入,实现了生态效益和经济效益的统一。

2017 年 11 月,时任农业农村部副部长张桃林在视察合作社水稻秸秆打捆收获资源化利用现场时,给予了高度评价,认为这

座右铭
》》》》》》》

"
躬耕良种,穗穗匠心。
"

是一个可复制、可推广的水稻秸秆高效利用模式，这让张克红更加坚定了在农业领域创新的信心。不仅如此，该项目还曾荣获上海市环保办最佳贡献奖，这是对张克红在秸秆综合利用方面创新成果的最好认可。

制种高产与高效的突破

种植水稻的过程中，张克红注意到，上海杂交粳稻的种植比例逐年攀升，这一趋势中蕴含着巨大潜力，于是她毅然决定探索杂交粳稻的制种工作。尽管这是她从未涉足的领域，但凭借着对农业的满腔热爱和坚定不移的信念，她勇敢地迈出了第一步。

张克红主动联系了上海市农业科学院的水稻育种专家，虚心请教，认真学习制种技术。在专家的悉心指导下，她建立了一个长期稳定的杂交水稻机械化制种基地，总面积达1200亩。

2020年10月，专家组对合作社的优质强优势杂交粳稻"申优26"机械化高产制种基地进行了实割测产。结果显示，平均制种产量高达346.1公斤/亩，这一数字不仅刷新了国内外杂交粳稻制种的高产纪录，也让所有人看到了农业现代化的无限可能。值得一提的是，该基地的杂交粳稻机械化制种全程机械化率达到了94%，真正实现了制种过程的高产与高效。张克红用实际行动为粮食安全和优质稻米种源供应贡献了重要力量。

张克红的这一成就,不仅为合作社赢得了荣誉,更在农业行业内树立了新的标杆。她的成功充分证明,在农业领域,只要坚持科学管理和技术创新,就能取得显著的经济效益和社会效益。她的杂交粳稻制种基地,如今已成为农业科技创新的典范,吸引着众多农业专家和从业者前来参观学习。

小龙虾与水稻开启"生态共舞"

稻虾混养是张克红在农业领域的又一尝试。小龙虾作为美食界的爆款,消费市场日益火爆,张克红嗅到了其中的商机,她认真摸索稻虾混养成熟技术,探索实践出"双稻三虾"高效生态种养模式。

合作社的稻虾综合种养采用两种稻田模式,收获三次小龙虾,不挖环沟不影响水稻生产。"开春之后,气温在10℃以上,就可以开始捕捞虾苗了。"张克红说,娇弱的虾苗对温度较为敏感,要趁着天还没亮,争分夺秒地捕捞虾苗,"一般从凌晨5点多开始,捕捞到8点左右就结束了,而到5、6月气温更高的时候,捕捞时间还会再提早一到两小时。"捕捞上来的虾苗不仅会投放到合作社自己的稻田中进行养殖,也有一部分直接出售给其他的小龙虾养殖户,"我们的虾苗生产方式天然无公害,所以品质优异,受到很多养殖户的欢迎。"

虾苗经过一个月到一个半月的生长,就可以长成成熟的商品虾,届时即可捕捞售卖。等到6月中下旬,小龙虾捕捞结束后,排水整田，随后开始种植中稻。水稻成熟收割后，还田复水，种植水草，待来年3月继续稻虾轮作，实现"一水两用、一田双收"。

稻因虾而香，虾因稻而肥。养殖过程中，稻田为小龙虾提供了栖息环境，小龙虾会摄食稻田里的微生物、杂草和害虫。稻田里的微生物、害虫为小龙虾提供饵料，小龙虾产生的排泄物又为水稻生长提供有机肥。这一模式通过错峰上市，避免了五月虾瘟，减少了饵料投放，又能有效减少化肥和农药使用，降低种植成本，形成种养双赢的生态循环农业。这一模式曾荣获第五届上海市农村创业创新大赛二等奖，这让张克红更加"信心满满"。

"相比普通水稻种植，每亩新增经济效益约4500元。时间控制得好，我们一年可以养两季小龙虾，种一季水稻。"张克红兴奋地说，小龙虾会销往附近市场、酒店、高校餐厅等，零售价不错，市场反响热烈。通过稻虾综合养殖的小龙虾肉质鲜嫩、腮白、紧实Q弹、无腥味，广受客户好评。

农业是一份充满希望和挑战的事业，尽管辛苦，但张克红始终热爱着这片土地，热爱着农业、农村和农民这一身份。"很多人说农业难，农业苦，农业领域工作人员更是穿得邋遢、过得潦草。但是只要找对方法，那么农业领域大有可为。"张克红说，"既然选择从事农业，那就全身心投入进去。"

文：陈祈

张春辉：

都市农业消费的探路者

2025年5月，彩虹农场的粉丝们陆续品尝到发自海南的火龙果，九分熟，圆润饱满，皮极薄，每个足有400~500克，拿在手里沉甸甸的。这是上海家绿蔬菜专业合作社理事长张春辉的农场新品，他期待消费者尝到第一口的反应。

"口感是不一样的。"张春辉说。

为了这份"不一样"，张春辉在原产地拓展了自己的水果"版图"，把彩虹农场开到了海南，农场位于海南陵水黎族自治县，地处北纬18°被誉为"中国种业硅谷"的县城。除了在距离2200公里的地方，延续上海"彩虹农场"的品牌，在浙江临安，张春辉正在布局他的第三家彩虹农场，如此接二连三的举动，并非为了口感"不一样"那么简单吧？

沪琼合作，花开陵水

在海南热带雨林国家公园吊罗山脚下，本号镇军普村270亩火龙果园，是张春辉的新根据地。当地人介绍，这里有适宜农业生产的小气候，一年四季盛产水果。果园里，火龙果花含苞待放，或刚吐新芽。尤其夜里，一排排探照灯照得果园"星光璀璨"，花香几里，景色颇为壮观。果园外，赫然立着"海南陵水彩虹农场"的标牌。

"这是今冬以来第一批花。"张春辉说，第一批花，意味深长。

海南省第二批"头雁"余泉祥是陵水彩虹农场合伙人，担任农场技术总管，同时，在镇上经营着另一家火龙果基地。2022年，农业农村部发起乡村产业振兴带头人培育"头雁"项目。此后，各地纷纷响应。在上海市农业广播电视学校和海南省农业广播电视学校合作对接下，2024年3月，作为全国首批"头雁"，张春辉以主讲人身份与余泉祥在海南三亚举办的沪琼乡村产业振兴带头人论坛上有了初次交流。两人一拍即合，开始期待沪琼"头雁"合作，源源不断结出硕果。

都知道做农业讲求慢工细活，一次论坛就促成合作"开花"，是否太快？他们又说，这是时间酝酿的结果。各自深耕农业多年，都在用行动印证思考，比如怎么产出好果品、留住好口感，怎么做经营管理，对接怎样的市场……容易找到同类，这是时间的耐性。

可下定决心要在上海之外建立新的彩虹农场，是张春辉更早就想好的。这两年，他一直在寻找机会。论坛上，他利用主题分享，向海南"头雁们"抛出了展望未来的橄榄枝。论坛结束后，他又主动留下来走访了十几家水果基地。

余泉祥对于张春辉描绘的未来，深以为然。早些年在上海从事海南品牌市场拓展和近些年深耕火龙果种植的经历，让余泉祥很快理解，上海这样的消费市场对于优质农产品意味着什么。余泉祥说："张总短短十分钟发言，就是我带着取经心态来，很想听到的内容。"

把优质果品带入上海,在这个热带水果和自然资源丰富的地方,探索农业和旅游相结合的"农场"课题,这些突破性想法让他们都愿意打破常规,大胆一试。

深入农业,寻找原味

张春辉与余泉祥一同考察了半年多,决定承包军普村的270亩基地,成立陵水家绿农业发展有限公司。"按照陵水本地的气候,火龙果一年的挂果期有10个月,从冒出花蕾到采摘,冬季大约60天,夏季30天,每15天就可以迎来一批花。"余泉祥说。

但这个基地情况却不同。30多个临时工驻场修整了月余,才初步恢复生产。"这个基地是2018年和2020年先后建成的,因经营不善撂了荒。基地先期条件不错,但一度没人维护管理,硬件设施老化,树体生病,果园杂草丛生。"余泉祥说,基地接管难度大,要花费更大精力和投入,不少经营者看过之后望而却步。

座右铭
》》》》》》》

"
以务实之姿深耕土地，
以理想之光引领前行。
"

改造水肥系统，修剪病枝，改良土壤，持续投入，迟迟不见开花，直到 2025 年 3 月，农场柳暗花明，得到当地党委政府的关心支持。的确，优质果品原产地都期待有前景的消费市场，到此寻找好产地、好果品的人也不少。但决定投资自建农场的，几乎没有。

张春辉的举动打动了当地人，同时，他们又好奇"为什么"。从新近的五月礼盒上可以找到部分答案，礼盒写着"原味时间 准点到家"。张春辉说，他很早就关注，即使是同一品种，谁种的、怎么种，种在什么地方，什么时间配送，甚至同一棵树的果长在什么位置，什么时候摘，都会让口感千差万别。他心存执念，想在合适的地方，找到更好的果。

之所以说是"执念",就要回看,他为何会在自己的电商生意如火如荼,保持某宝单品销量第一时,却跨行重启。他说,那年,松江大米的自主选育品种"松早香1号"刚通过市级审定,一位家庭农场主送来当年新米,他在吃到的瞬间,觉得这米能卖上好价钱。

对一款优质农产品单纯而敏锐的判断,让他从市场端向生产端越走越深。"要摸透一个品种,必须躬身入局,花掉足够的时间,因为农作物的生命周期是没有办法超越的。"张春辉说。

十年沉淀,农场探路

把农业和旅游结合在一起,究竟能带来多大市场?这似乎是一个老生常谈的话题,但很难回答好它。即使背靠这座国际化大都市,拥有足够多对优质农产品和乡村休闲充满渴望的消费者——难就难在,这条路理应是通的,如此多的新型经营主体都想从中蹚出一条路来。但没有标准答案。

亲手打造一座彩虹农场,某种程度上,是张春辉对于这个问题的理解。但深入交流才知道,上海的"彩虹农场"只是他的试验田。

在上海承租农场之前,张春辉更早在松江城区开了第一家"家绿"大米销售门店,售卖简单包装的礼盒款松江大米。"短短一年,在门店积累了 10 万人的客户群。"他惊讶于消费者对农产品礼品的需求量之大，同时，也感叹消费者需求的"五花八门"。

"他们不仅想要大米，还想要更多好的农产品，他们对礼盒有兴趣，对礼盒的分量有讲究，他们还想要亲自采摘。"

10 万人的消费需求画像，指引他决定自己承包农田，去研究作物特性，研究农产品的耕作期、成熟期、保鲜期……在与消费者的线下互动体验中，研究农业和旅游的结合应该怎么做。

把"农场"当作研究都市农业消费的课题，是这样的问题意识，引领他把一家蔬菜专业合作社发展成为国家级示范合作社，变成彩虹农场，获评"全国农民共享田间学校""上海市五一劳动奖章"，他本人也收获了"上海市乡村振兴先进个人""上海市优秀党务工作者"等荣誉。

回看多年来，面对被深深烙有"初级品"和"周期律"标签的传统农产品，以城市需求为导向，研究都市农业消费的视角是珍贵的。这些收获，某种程度上印证了市场和社会的认可。

再次追问，为什么笃定"农场"可以实现农业和旅游的结合，并能从中看见都市农业消费的未来？

"只有这样，才可能让农产品'突出重围'。"张春辉说，感谢 10 年沉淀，让他能以更快速度，认出哪些是好品种、好基地、好农人——这些关系到好产品的关键要素。由此，也就容易理解，他为何会与"头雁"很快达成合作。

商业视角之外,他更懂得消费者的真实需求,这是从33万个反馈答案中提炼出的数据。

张春辉把"农场"比作一棵树,以彩虹农场为品牌,在多点布局的空间连接中布局未来,这是理解、提炼和探路都市农业消费的思路。"开在上海以外的彩虹农场,经过层层把关的基地和产品,是树上不断生长的枝干,结出的果实。"

眼下,浙江临安彩虹农场建设正同步推进。"解码一个又一个空间,探路农业产业,这条路能复制吗?"

"合作模式可以复制,技术标准可以复制,但稳定而持续增长的消费者基数,以及对农产品礼盒的信任,几乎无法复制。"

北纬18°热带水果品种繁多,被张春辉精挑细选列入水果年卡清单,临安基地的体验式产品也相继开发。在恰到好处的时间,把更好的农产品送到消费者手中,让农产品成为情感连接的媒介,让农业和旅游发生碰撞,让消费者愿意多次走进彩虹农场,他说,这些新构想,才刚开始。

文:贾佳

陈江芹：

在乡村这片沃土，年轻人大有可为

当这几年业内还在探讨乡村如何吸引青年、留住青年时,上海群立粮食专业合作社理事长陈江芹已经在"种大米"的道路上深耕了十年。

"与其说乡村如何留住我,不如说,是我一直主动在靠拢农业、回归乡村。"祖籍浙江绍兴、出生在闵行区的陈江芹始终认为,乡村这片沃土拥有无限可能,特别是在乡村振兴推进的过程中,农业散发着令人着迷的魅力,让她全力奔赴、无悔付出,作为新农人在田埂上书写着自己的篇章。

学金融的小囡回村种地了

从小读书成绩好,大学本科就读于上海交通大学,毕业后进了财会公司和数字打起了交道……陈江芹的"人生剧本"如果按部就班走下去,将会是都市里精致的白领,令人称羡。

2015 年,陈江芹做出了一个令人意想不到的决定:回到乡村,接手父母的合作社。作为"农二代"的她,提出这个想法的时候,还是令父母吃惊了一瞬。"你真的考虑好了吗?从农村走出去,在城市扎下了根,如今又要回来,你怎么想的呀?"包括父母在内的亲戚朋友都有这样的疑问,这也是陈江芹在作出这个决定前反复思考的问题。

当再次问起陈江芹时,她早已有了确定的答案。"这家合作社是我父母奋斗了半生的成果，如果到我这代就结束了，那太可惜了。"而毕业于财会相关专业的陈江芹，对于农业行业发展也非常看好，"每年的中央一号文件都提到乡村振兴的相关发展，这让我认识到，乡村的发展，前景广阔。"

尽管出生在农村，但真要接手粮食合作社，陈江芹坦言，自己就是个外行。幸好，人生最好的老师，是父母。陈江芹的父母知道她的决定后，手把手教她农业相关技能，而陈江芹也了解到，原先合作社种的粮食，以"卖稻谷"为主，大部分卖到粮库，而平时合作社的台账仍是手写状态，且记录并不规范。

"第一步，还得从我拿手的开始。"有着财会专业背景的陈江芹第一时间开始查看台账，而在当时区里的相关政策支持下，每个合作社配备了会计帮忙规范台账，这让陈江芹用最快时间对台账信息进行了规范升级。

在掌握了合作社情况后，"学霸"陈江芹像一块吸水海绵般，拼命学习更多的行业相关知识。打开她的眼界、打破她对农业传

统认知的,是一次次青年农场主、职业经理人、"头雁"项目的培训。走出闵行,走出上海,进入全国范围去学习,累积的各种经验和眼界,真正让"转型"的陈江芹走上了快速成长的通道。

为自己充能,从"卖稻谷"转向"卖大米"

"不能光在家学,我得出去看看外面的世界。"2016年,闵行区举办了第二期新型职业农民培训,陈江芹知道这个消息后毫不犹豫报了名。如果说父母带她入了门,那么这一整年的学习,让她在粮食种植上的认识越来越深入,对合作社的经营和管理也愈发感兴趣了。

2018年、2020年闵行区推荐陈江芹参加市级青年农场主、职业经理人培训。"这帮助我打开了对外地农业模式的具体认知。"收获知识的同时,她也结识了一批有意愿振兴乡村的有为青年。培训多次组织他们走出上海,去看看周边城市的农业模式和发展情况,这不仅让陈江芹积累了行业内的人脉和资源,也转变了发展的思路。

"例如在浙江德清,我们看到了莫干山高端民宿的经营模式,也看到了德清乡村文旅的发展。"陈江芹比对着两地的政策、土地规模、客户黏性……不由得对农业未来可能,有了更多的设想。"他们种稻谷和我们一样吗?他们的农业模式能复刻到上海吗?"

陈江芹的大脑在培训中一直不停运转着。这批参与培训的青年农场主在课堂上积极努力学习专业知识，在课后自发组织交流研学，相互取经、取长补短，这为日后他们在上海农业发展模式上的多点开花、精耕细作打下了基础。

2019年，陈江芹正式成为合作社理事长，让父母退居到了二线。合作社在她的手里，也完成了从"卖稻谷"到"卖大米"的一次转型。"我不仅要卖品质、口感上乘的大米，还要注册并且打响闵行大米区域公共品牌，和我们自家的品牌。"父母的客户积累，陈江芹之前工作积累的社会资源，都让她尝到了订单农业"卖大米"的甜头，因而，"群立"品牌的注册和发展也水到渠成。

这一年，在闵行区农业农村委的关心指导下，陈江芹的大米还获得了绿色认证，并于当年成功加入闵行区内的粮食产业联盟，成为"闵田悦禾"闵行大米区域公用品牌（2024年已更新为"米行大米"区域公用品牌）的供应商。

自此，陈江芹真正开始大展身手、施展抱负。群立合作社不仅被评为市级绿色生产基地，还获得市级第二批劳动教育基地、区级示范合作社等荣誉。与此同时，合作社的大米品质稳步提升。2019年至2021年，合作社的优质大米在上海市新大米评比中屡获殊荣。2023年，在竞争激烈的全国绿博会中，合作社的大米产品一举夺得金奖。

在多年的精心经营之下，这位回归乡村的女性，正凭借年轻的视角、创新的管理模式，将一片片稻田变成了绿色的希望之地，将一粒粒稻谷转化为舌尖上的美味。

2022年，陈江芹成为市级"头雁"项目培育对象之一。但这并不是终点，对她而言，而是新一段学习、成长历程的起点。

提升智能化水平，机械化率达到85%以上

从传统的种植模式，到智能化的农机操作，这十年间，上海的农业发展翻天覆地。或许陈江芹的父母也没有想到，从人力劳动到全程机械化操作，他们的合作社，在这几年里进入了next level。

在春耕备耕季，你会在群立合作社的田头，看到农机手驾驶着旋耕机仔细耕地，备战春耕；在收获季，你会看到收割机开足马力，不停在田头轰鸣，收获后的稻谷脱粒、烘干后，经过一系列机械化处理，成为餐桌上亮晶晶的精品大米；在日常农业管理中，合作社的飞手们熟练地操控起了植保机，让喷洒药物更加精准、均匀……智能化农业模式下，群立合作社的农业机械化率已经达到了85%。

"部分社员有农机驾驶证，合作社还安排了所有员工分批去考了无人机植保飞手的证书。"陈江芹深知现代农业离不开各类农机，而智能化、无人化农机一定是未来农业的方向。因此，合作

社一直在提升农业机械化率。"在上海，在北方，大面积的农场机械化率也很高，这两年，上海的粮食合作社不断提高机械化率，机器换人进程真的帮我们省了很多人工。"陈江芹是个紧跟时代发展、产业发展步伐的人，她表示，合作社也将朝着这个方向不断努力。

与此同时，她也开始探索农业直播领域，开始思考"农业+"的更多可能。

"农业+"还有无限可能

"大米合作社，那肯定第一任务是卖大米。"在过去，群立合

座右铭
〉〉〉〉〉〉〉

> " 在农业的田野上,希望如星辰般璀璨,照亮着前行的道路。 "

作社主要聚焦于大米的销售。如今,面对不断变化的市场环境和消费者需求,陈江芹积极推动品牌转型,想从单一的大米销售转向稻谷的多元化经营,这一战略调整使得合作社能够更好地满足市场需求,同时也为合作社带来更广阔的发展空间。

如果说合作社从"卖稻谷"转型"卖大米"的"第一桶金"来源于老客户积累,那如今直播带货,则是全新的启航。

目前,合作社的年产粮食已经接近 270 吨,主要通过线下订单式直销配送。合作社也利用"鱼米之乡"等互联网+线上平台,实现线上线下的有机结合,并开展了 10 余场次的直播带货活动,吸引了超过万人次的在线观看。"我们发现,这种新型的销售方式不仅提高了合作社的知名度,也为消费者提供了更加直观的产品体验。"陈江芹谈道。

而农业从业人员转型直播，也是一个挑战。"区、镇农业部门为我们提供了培训的机会，让我们对平台、机器使用迅速上手。但要成为一个优秀的主播，还需要走很长的一段路。"陈江芹也渴望直播行业对农业从业者有专业培训的机会，让她能做好农业+互联网的结合。

与此同时，陈江芹洞察到了一个社会现象：许多成年人和孩子们对于餐桌上大米的来源和演变过程缺乏直观的认识。为此，她开设了亲子研学路线，这一路线不仅包括了水稻知识的科普教育，还涵盖了动手制作米糕、采摘蘑菇、绘制草帽等丰富多彩的活动，寓教于乐的方式，让参与者亲身体验和学习农业知识，感受农耕文化的魅力。

"亲子研学项目不仅丰富了社区教育的形式，也为孩子们提供了一个了解和亲近自然的机会，受到了学校、学生和家长的欢迎，我们也荣获了'上海市学生劳动教育基地'称号。"陈江芹说。

在闵行长大的陈江芹，对这片土地有自己的爱和责任。从父亲手里接手时，合作社只有400多亩土地，2024年时，陈江芹已经将合作社扩充到了800亩。"对我们而言，绿色管理、销售已经很成熟了。"因此，陈江芹还收购了周边农户的大米，帮忙销售。"当然，和我们签订协议后，我们从年头到年尾，都会对他们的稻米品种、田间管理、绿色防控进行巡查，保证收购的大米品质，收购价也让农户满意。"这样的"托底"服务，让周边农户都乐于为陈江芹服务，最多时，可以收购周边 1000 亩的粮食面积，为销售有难度的农户解决了困难，也让原先依旧在"卖稻谷"的部分农户，能够拥有"卖大米"的收益。而合作社发展壮大后，她还为所在村村民提供了 50 余个劳动就业岗位，让村民共享产业发展成果。

这或许是新农人的属性，对农业不仅爱得深沉，肩头也扛着沉甸甸的责任。"做农民，做农业，我很骄傲，很自豪，我赶上了一个好的时代。"从乡村走进城市，又从城市回归乡村，陈江芹一点没有后悔，全是激动和感恩，她的丈夫也加入了农业行业，不仅帮她运营，还在浦东新增了一家农产品合作社，销售瓜果和大米。

正如陈江芹所言，被她赶上的好时代，这片养育她的乡村沃土，能让年轻人大有可为。

文：贺梦娇

陈建宇：

稻花湾里的稻米青年

在上海金山的广袤田野间,稻浪随风起伏,阵阵稻香沁人心脾。在这里,一位"90后"新农人正书写着属于自己的传奇故事,他就是上海盛致农产品有限公司的负责人陈建宇。从东北到上海,他像一颗蒲公英的种子,在金山的土地上深深扎根,用青春、智慧与汗水,在传统农业这片古老的领域里,开辟出一条充满科技感与创新力的新道路,为乡村振兴注入蓬勃生机。

立志扎根,初心如磐

盛致公司在陈建宇的父亲手中起家,最开始经营大宗原料。2013年起,在当地进行大米种植和农产品收购。2014年起,陈建宇加入了这个行业,扎根稻米产业的信念由此确立。

种田又苦又累,为什么毅然放弃城里安逸的环境、舒适的工作?陈建宇表示,自己出生在一个普通的农民家庭,从小就在心里埋下了对农民对土地最质朴、最真挚的情感。他求学在中国农业大学,专攻农学专业。从小看到父母亲起早贪黑躬耕农田,十分辛苦,他想用学到的专业知识替父母亲减轻劳作,轻轻松松地把地给种了,把钱给赚了,还要让城里的人看到优美淳朴的乡村风光,吃到更多更好的地产农产品。创业之初,他多方奔走,积极争取政策支持和市场拓展。担任专业合作社理事长后,推动合作社扩大种植面积。

凭借着对农业的满腔热忱与不懈努力，逐步实现了企业从传统种植到有机绿色种植，从单一卖稻谷到多元销售大米，从以线下销售为主到线上线下并重，从单纯的第一产业到一、三产融合发展的华丽升级。如今，公司年收购加工水稻和玉米各达1万吨，电商农产品销售额高达1600万元，总销售额突破亿元大关。

回顾一路走来的历程，陈建宇深知，自己的稻米产业能够不断发展壮大，离不开家人的全力支持、良好的合作模式以及自身的刻苦钻研。在家庭中，父母甘愿做他背后的绿叶，母亲善于沟通，积极与乡亲们交流合作，为企业发展营造良好的人际环境；父亲执行力超强，在工作中毫无保留地传授经验，帮助他解决各种实际问题。在经营模式上，公司采用"龙头企业+合作社+家庭农场+农户+保险公司"的创新合作模式，引入农业保险后，农户在面对自然灾害等不可预见风险时，能够及时获得理赔，大大减少了损失，极大地增强了种粮人的信心。而陈建宇自己，则始终保持着对农业技术的热爱与执着。他热衷于钻研技术，先后攻克了

优良品种引育、稻田生态技术、草害科学治理等重点难题,成为远近闻名的"田秀才"。

创新求变,勇立潮头

"勇于做第一个吃螃蟹的人,是新时代农业创业者必不可少的气质品质",这是陈建宇的口头禅,更是他在创业道路上的真实写照。面对稻米产业同质化严重这一发展障碍,他积极探索创新之路,从多个方面发力,努力为企业发展开辟新的天地。

在扩大规模方面,陈建宇深知品牌建设的重要性,而扩大规模是打造品牌的关键。他牵头成立了金山唯一的稻米产业化联合体,与区域内132个合作社、12个家庭农场、35户种植大户、65家农户签订种植订单,将种植面积拓展至3万亩,成功走出了一条联农共富的新路子。通过整合各方资源,实现了产业的规模化发展,不仅提高了企业的市场竞争力,也带动了周边农户共同致富。

在品种培育上,陈建宇深刻认识到种子对于农业的重要性,将其视为农业的"芯片"。他在稳定"南粳46"种植的基础上,与上海市农业科学院、金山区农业技术推广中心紧密合作,建立上海水稻科技小院,成功引入"沪软1212""上师大19"等新品种。这些品种食味值高、商品性好,目前已占水稻联合体种植面积的

座右铭

"
深耕脚下,心向本源。
"

80%,为提高稻米品质和市场竞争力奠定了坚实基础。

为了提升稻米品质,陈建宇充分发挥联合体的引领作用,推行统一选种、统一育苗、统一种植、统一收购、统一烘干、统一加工、统一包装、统一销售的合作模式;从种植源头到销售终端,严格把控每一个环节,确保稻米品质的稳定与优良。

在加工环节,陈建宇积极探索创新,实行政企协同,引进柔性削切大米加工技术。除了完善大米、胚芽米、糙米等传统产品的经营,他们还开发出米昔、大米咖啡、大米布丁、大米油、大米护手霜等多款衍生品,推动稻米加工向产业链下游延伸,实现差异化发展,形成多元高附加值产品,有效提升了产品链的竞争力。

在品牌建设方面，陈建宇构建了"产购储加销"全程质量可追溯体系，对大米从品种名称、产地、收货时间、产量和分布，到储存和加工时间、技术工艺、质量标准等进行全方位监控和监测，实现大米生产加工全过程的质量安全云追溯管理，做到"一户一号"，商品"一物一码"。通过这种方式，让消费者能够清晰了解大米的来源和生产过程，增强了消费者对品牌的信任度，提升了品牌的知名度和美誉度。

科技赋能，智绘新景

陈建宇不仅在传统农业经营模式上大胆创新，更积极拥抱科技，将"互联网+"思维和智能化技术融入农业生产与经营的各个环节。

在工厂管理方面，陈建宇创新开发智能化管理设备，对农户种植亩数、生长情况、预估产量、实际产量、入库出库稻等模块进行数字化统计。通过这些数据，能够整体预估当年的产销情况，实现精细化的动态管理，大大提升了全产业链的流通效率。陈建宇表示，要构建"全产业链融合、多功能聚合"的现代稻米生态产业化链条，智能化是不可或缺的重要一环。如今，他正朝着自己理想中工厂的模样稳步迈进，新工厂不仅能满足稻米加工能级的跃升，还能与未来农文旅发展相衔接。

早在 2015 年，陈建宇就敏锐地察觉到农产品"触网"的广阔前景，将直播间开到了自家的农家小院里，用自家大米进行直播"试水"，取得了不错的反响。次年，他和团队共同努力，成功上线"来金山白相"电商平台。经过多年发展，该平台已与 44 家(户)绿色瓜果基地、3 家绿色有机蔬菜基地达成产品销售协议，并与淘宝、东方购物等 6 家平台建立销售合作关系，为农产品销售开辟了新的渠道。

走进陈建宇的加工厂，处处都能感受到科技与创意的融合。在二楼的智慧稻米加工基地，完整的流水线设备有序排列。从去石机、流量秤，到砻谷机、谷糙分离机、厚度分级机，再到三台色选机，每一台设备都发挥着重要作用，对稻米的品质进行严格筛选。其中，先进的智慧加工设备更是一大亮点，它能够有效降低米温、减少能耗，同时提高出米率，既保证了大米的营养价值，又实现了节能增效。

在包装设计上，陈建宇紧跟时代潮流，针对年轻人的审美和注重健康饮食的生活需求，萌生了重新设计大米包装的想法。他牵手东华大学师生，对大米包装进行整体设计。包装图片巧妙运用金山朱泾的特色地标，如花开海上景区，风格上采用非遗木版画，主色调选取绿色、橙色、橙红色等，使包装在视觉上焕然一新，更具吸引力。

联农共富,情系乡土

金山地区农产品丰富,但农户常常面临农产品销售渠道不畅的难题。作为在信息化大潮中成长起来的年轻一代,陈建宇深知,要想让农产品打开市场,必须创新经营模式。他积极推进"龙头企业+合作社+基地+农户"的产业运行模式,利用公司在种植方面的优势,带动更多农户参与到稻米产业发展中来。

随着品牌和产业的不断壮大,越来越多的农户加入"稻花湾"这个稻米大家庭。陈建宇的电商平台也为农户们提供了广阔的销售渠道,目前已签约当地瓜果、水稻绿色有机蔬菜基地352家,带动销售超1.1亿元。他坚信"一人富不算富,大家富才是富",未来,他计划进一步扩大"稻花湾"品牌的影响力,预计年销售6万亩优质水稻,产出36000吨稻谷,加工成24480吨大米,实现销售额1.7亿元,并推进稻米加工到储存、储藏、保鲜一体化产业化项目,预计带动农民增加收入1200多万元,让农民既能获得土地租金,又能通过务工增加收入,走上共同富裕的道路。

展望未来,逐梦前行

2024年稻米收镰后,陈建宇又将目光投向了新的领域——稻花湾青少年服务发展中心。他以科普推广农文化为己任,面向中小学生打造以农产品为主,各类周边产品以及朱泾镇非遗项目为辅的系列体验式课程和活动。他推出了米花人物IP,打造朱泾镇首家农产品推广直播间,将流量视为"新农资",让直播成为"新农活",通过这些创新举措,不断提升地产农产品的知名度和品牌影响力,助力区域特色农产品"出圈"。

陈建宇还对未来充满了更多美好的设想,他为盛致公司设计了集吃喝玩乐游购于一体的"一朵花、一粒米、一棵菜和一条鱼"游乐体验项目。他满怀信心地表示:"我们的好农货不仅要产出来,更要卖出去,卖出好价钱,不能负了这一方水土。"

在打造稻花湾稻米文化馆方面,陈建宇依托数字赋能,全景式地展现"一粒米"的故事。稻米文化馆内,设有稻米衍生品品鉴区、互动学习区,专设的VR体验室通过VR互动展示屏展示稻田生态系统,让参观者身临其境感受稻田风光;可参观的实验室里放置着大米外观品质检测仪、大米食味值测定仪等仪器,让青少年能够动手参与大米质量检测,学习稻米知识。目前稻花湾稻米文化馆已对外开放,与新泾村和美乡村展示馆、青少年研学基地、创客空间等形成互动,还将与花开海上生态园联动,融入AR技术,设定手机寻宝路线,为亲子家庭带来寓教于乐的全新体验。

从农田里的"泥腿子"到农业领域的创新先锋,陈建宇用十年时间,在金山的土地上书写了属于自己的精彩篇章。他用实际行动诠释了新时代新农人的责任与担当,在乡村振兴的道路上,继续怀揣着梦想，坚定地前行，为传统农业的转型升级和乡村的繁荣发展贡献着自己的力量，让希望的田野上绽放出更加绚烂的光彩。

文：方志权 曹佳慧

何杨阳：

将松江大米种上云端，数字农匠耕耘农业新路

春耕时节，智能插秧机按照规划路线平稳前行，所过之处秧苗行距均匀整齐、深度一致，智能植保机腾空而起，将药肥均匀播撒在翠绿稻田；待到金秋，智能驾驶的收割机在田间穿梭，金灿灿的水稻被自主收割。这幅充满科技感的现代农业图景，正在位于松江区新浜镇林建村的上海土是宝数字农场徐徐展开。

春耕夏耘，秋收冬藏，智能农机搭载 5G 网络和北斗高精度定位系统，在田间有序作业，实现水稻种植耕、种、管、收全流程的自动化作业。"90 后"理事长何杨阳，带着新理念、新技术，以创新实践在家乡的大地，耕耘出数字农业新天地。

破局者：走数字农业的新路

何杨阳是土生土长的新浜人，大学毕业后在高校从事技术成果转化工作。尽管离开农村，他一直关注着家乡发展。随着农村人口老龄化，乡村劳动力不足问题迫在眉睫，面对"谁来种田、怎样种田"的问题，结合自身工作，他开始思索如何让新科技、新技能快速转化为农业生产力。"当时无人机还属于新兴领域，我也有这方面的资源，就从农用无人植保机切入，在解决农业植保劳动力问题的同时，提升作业效率。"何杨阳回忆。

2018 年，何杨阳辞职回乡，创立上海土是宝农业专业合作社，将植保无人机技术应用到种田中，组建"土是宝"无人机植保服

务团队。刚开始推广无人机植保时，当地农户们持观望态度，随着他们看到的无人机植保取得的实际成效，越来越多的农民认识到科技对于农业的好处，农业无人机使用不断增多。

随后，何杨阳联合上海中航欣盛航空技术有限公司，建立了无人机农业应用场景实训基地，对周边区域收割机手、拖拉机手、插秧机手等进行无人机操作技能培训，先后培训160余名"农民飞手"取得了中国民用航空局飞行标准司颁发的无人机飞行执照。

2022年，土是宝完成"无人机服务现代农业（水稻种植）"标准化试点项目，制定无人机作业药、肥使用量工艺数据参数，为无人机植保作业在上海地区服务推广提供技术标准。如今，土是宝无人机植保服务队的服务范围辐射松江、青浦、金山、苏州、嘉兴等区域，年服务面积达到4万余亩次。

尽管无人机植保工作进展顺利，但何杨阳逐渐意识到，对于水稻"耕种管收"的作业闭环来说，科技赋能部分环节，并不足

座右铭
》》》》》》》

"
5G赋能数字农场,数智蝶变乡村振兴。
"

以解决劳动力短缺的根本矛盾。下一步,该如何突破?何杨阳决心,探索以数字技术赋能传统农业,开发农业数据一体化驱动平台,打造智慧农场,实现农业生产的精准化、智能化。

2020年起,土是宝与江苏大学、武汉大学、上海交通大学、中国移动、自然资源部第一地形测量队等科研院校和专业团队,进行产学研跨界合作,开展农业数字化建设工作。何杨阳介绍,农业数字化建设涉及农业资源、农艺、装备和管理,"第一方面是农业资源数字化,包括土壤、空气、水质等水稻生产基础性数据,以及田块、道路、河道等所在区域数据数字化;第二方面是农业技术数字化,目前已经完成了无人机服务现代农业的水稻种植标准;第三方面是农机装备数字化,如传统农机的电控化改造和农机系统集成;第四方面是农业产品数字化,抓取每次生产的数据,将农产品形成数字化的产品。"

在土是宝数字农场,通过铺设5G农业专网,结合北斗高精度定位系统、人工智能、大数据,已完成"数控"升级,建立数字农业数据驱动系统。这个利用数据驱动的精准感知与智能决策系统，如同"农业智慧大脑"，提升了农业生产效率，并推动了全流程标准化管理。

在田间，只见无人驾驶拖拉机，不靠农机手，自主完成精准的转弯、避障等系列操作，农机手轻点手机就能调度农机设备。通过无人机航测与地面传感器组成的立体监测网络，将每一寸土地转化为数字模型，让沉默的稻田开口说话。田间作业时，农机工作影像实时回传给数据平台，土壤、空气、水质等各种参数一览无余。这座将大米"种"在云端的智慧农场，正重新定义着现代农业的生产范式。

产学研融合打造"田间实验室"

在何杨阳的规划中，土是宝数字农场既是技术创新的策源地，又是场景应用的试验场。通过年复一年的数据积累和数字底座建设，土是宝动态完整地还原农耕作业的试验场景，为各高校、科研院所开展各项数据试验、实现技术搭载创造了良好条件，土是宝所在的稻田空间成为不少高校、科研院所理想的数字农业试验田。"我们为科研团队提供的真实作业场景，也可以帮我们一起优化系统。"

说起产学研平台的建立，何杨阳如数家珍，"通过跨界融合，探索如何将顶尖院校的科技成果应用到农业场景中，转化为田间生产力。比如上海交大团队深耕农业基础数字化，构建水稻全生命周期管理理论体系，江苏大学主导农机电控系统改造，武汉大学则提供地理信息系统（GIS）技术。"

同时，土是宝与中国移动合作挂牌"中国移动5G+数字农业创新实验室"，与司南导航合作成立土是宝司南导航数字农业联合研发示范基地，在中国移动5G农业专网覆盖的试验田里，数据平台与农机终端的深度互联，司南导航北斗高精度定位设备正持续优化作业精度。

在这里，科技创新与田间实践的深度融合，高科技与接地气达到平衡。科研人员既能在实验室推演算法模型，又能随时与农户围坐在田埂探讨实际需求，让技术攻关始终紧扣生产痛点。

当年，何杨阳返乡创业时，他是村里第一个从事农业的大学生。到现在，土是宝成为高校学子实践创新的舞台。"通过数字农业、智慧农场的建设，可以催生出新的就业岗位，让更多年轻人可以投身农业中。"何杨阳说。

近两年，何杨阳的数字农业探索已实现了市场化的技术输出，内蒙古巴彦淖尔市盐碱地改良数字平台建设、浙江省湖州市丘沃农机无人作业管理平台建设等项目，成为当地农业创新的优秀案例。"农业生产的季节性特征对技术应用提出挑战，场景应用与农机调度必须匹配农时，每到关键节点，技术团队总是要与时间赛跑。"他解释道，为突破地域限制，土是宝团队持续拓展丘陵、山地等复杂地形应用场景。"动态验证场景越丰富，系统优化空间就越大。"

面对数字农业发展的窗口期，何杨阳充满信心："我们既有自2018年创业以来积累的先发优势，又构建起了产学研全链条平台，希望土是宝能够稳步迈向数字农业产业核心位置。"

"把地种好、把活干好"

回顾自己创业之路，如何在农村站稳脚跟，何杨阳说"前期靠信任、后期靠实力"。村民对于何杨阳回乡创业很包容，合作社成员大多是当地农民。他也没有辜负村民的信任，既是让科技赋能农业的新农人，也是乡村产业发展的"领头雁"，通过"科技+品牌+服务"三轮驱动，探索出一条数字赋能乡村振兴的可持续路径。

何杨阳总说"我就是来干活的"，始终将"把地种好、把活干好"作为行动准则，他用技术服务农民，带动农民增收致富。合作社承担了新浜镇全镇机械化插秧年服务面积近6000亩，林业病虫害防治工作年服务面积24000余亩次，带动本镇剩余劳动力年增收2万余元。

为了带领更多农民致富，何杨阳注册"土是宝"大米品牌，成立优质稻米产业化联合体，统一种植标准与品牌，推动农户从"卖稻谷"转向"卖大米""卖品牌"，通过标准化作业和数据化管理，提升稻米品质，合作社绿色认证面积1472亩，带动16户家庭农场主,帮助农民增收15%。

科技创新、跨界融合的步伐从未停歇。他在种植水稻的过程中融入传统中医理念,"土是宝"松江大米以绿色技术产品进入第二届进博会;探索太空育种,"松江大米"水稻种子通过航天育种返地培育,实践成果已在松江、浦东、青浦、杭州、湖州示范种植;尝试延长农业产业链,推出土是宝生态米酒、生态米粘粉等衍生产品,提升农产品附加值。

何杨阳还将目光投向农文旅融合,作为乡村振兴的新支点,策划休闲垂钓、生态粮仓等主题项目,构建起连接城乡的沉浸式体验。通过"农耕亲子教育"科普活动,让学生们在田间课堂了解现代农业。"当孩子说长大以后也要做农业科技,我很受触动。"何杨阳说,"让更多人走进乡村,这也是我的初心。"

第二届全国乡村振兴青年先锋、全国"青马工程"农村班24级学员、上海市青联委员、松江区青联副主席、松江区人大代表……随着身份头衔越多,何杨阳深感身上的责任越大,这成为他持续精进的不竭动力。"每次与全国农业青年才俊、科研院所专家交流,都让我获益匪浅,在思想碰撞中自我成长。"何杨阳说。目前,他又有了新身份,作为一名江苏大学农机装备工程专业的研究生,他正不断磨砺自身本领,积极应对农业农村现代化新征程中的更多挑战。

文:张孜怡

宋家坤：

稻田里的青春选择

夏季来临前，崇明港沿镇惠军村的稻田里，一台全自动插秧机正匀速行进，身着工装、皮肤黝黑的宋家坤站在田埂上，手拿平板电脑调试设备参数。他的身后，是整齐划一的绿色秧苗，远处几台无人机正喷洒生物农药。"现在插秧、施肥、打药，全能用机器搞定，效率是过去的十倍。"宋家坤抹了把汗，随手摘下一片稻叶，放在鼻尖轻嗅，泥土的腥香混着稻苗的清新扑面而来。

用平板电脑管理千亩稻田

这位90后小伙子的故事始于一场"叛逆"。2014年，刚从中国农业大学毕业的宋家坤，面对父亲的劝说，做了一个让同学家人意外的决定：放弃上海城区的工作机会，回到崇明老家，加入父亲创办的上海齐茂粮食专业合作社。"我爸种了一辈子地，合作社是全家人的心血。但那时候，传统种田赚不到钱，年轻人更不愿意干。"宋家坤回忆道。起初，他连插秧都笨手笨脚，被村里老人调侃"大学生还不如老黄牛"，但他硬是泡在田里，从除草、施肥到病虫害防治，把水稻种植的每个环节摸了个透。

父亲起初并不理解儿子的"折腾"："我让他回来是想守住家业，他却天天念叨什么'全产业链''科技赋能'。"但宋家坤心里清楚，想要让崇明大米打入更大的市场，必须改变"面朝黄土背朝天"的传统模式。头一年，宋家坤的"洋相"成了村里的谈资。

他穿着球鞋下田,结果深陷泥潭拔不出脚,父亲蹲在田头不看好他。可宋家坤偏不服输,他卷起裤腿,光脚踩进泥里,下地实践,笔记本上密密麻麻记满了土壤改良、机械操作的"田间密码":"秧苗黄叶可能是缺锌""露水未干时打药易烧苗"。几年下来,这个"农二代"不仅成了种田能手,更成了用平板电脑管理千亩稻田的新农人。

"一粒米"的现代化革命

春耕备耕时节,齐茂合作社的加工厂包装车间,两条生产线全力运转,一包包真空包装的大米从生产线传送带上送达指定位置,再由机器人手臂灵活地将包装好的大米码放整齐。目前,稻米加工生产线日加工能力已达 200 吨。

与传统晾晒粮食方式相比,现代化烘干设备不仅大大减少了粮食的损耗浪费,也节省了场地和人力,一定程度上解决了粮食种植大户"晒粮难""存放难"和上市推迟、效益滞后等问题。

"在流水线这块,我们通过几年的不断提升,从原先的以人工为主,到现在发展成了以机械化、现代化、科技化为主。"宋家坤介绍,包括大米加工流水线、包装流水线全都是机械化,合作社还用上了机器人手臂等一系列自动化设备。"我们一般采取40℃左右低温烘干,温度过高会影响大米的口感与品相。"

这场"一粒米的革命",始于一场尴尬的失败。2019年,宋家坤斥资20万元从山东购入一台重型喷雾机,结果首次下田就陷进淤泥,车轮空转溅起的泥浆糊了他满脸,最后调来两台挖掘机才把"铁疙瘩"拖出,围观村民哄笑:"小宋,你这机器是来耕田还是来打滚的?"他蹲在田埂上苦笑:"崇明的土质松软得像海绵,北方设备来了就是'水土不服'。"吃一堑长一智,宋家坤开始带着团队"土洋结合":引入植保无人机,每小时作业10亩,用水量仅为传统喷雾机的十分之一。

从实验室成果到田间实践

近年来,宋家坤携手上海市农业科学院,成功种植出"沪香粳106""南粳46""沪软玉一号"等一系列品质卓越的稻米品种,从撒播到机穴直播,再到机插秧,试验单季稻播种方式,大幅提升播种效率;依托上海师范大学、市农科院等单位的科技力量,宋家坤建立水稻科技创新与研究基地,联合探索水稻种植新模式,将实验室的科研成果转化为田间实践。2024年,合作社被授予"上海崇明水稻育种科技小院",成为集科研、生产、科普于一体的示范基地。在这里,农民们第一次见识到"环境智能管控系统"——通过传感器精准调控水肥比例,每亩稻田的化肥用量减少30%,产量却增加15%。

座右铭
》》》》》》》

"
齐心力,茂桑田。
"

最让乡亲们惊叹的是宋家坤的"黑科技组合拳"。2024年全国科普日活动上,他现场演示了合作社的"智慧农业大脑":无人机巡田生成病虫害热力图,AI算法推荐最优防治方案;烘干车间里,300吨潮稻谷24小时内变成干燥饱满的谷粒,解决了传统晾晒"靠天吃饭"的难题。村民们不禁感叹,"以前下雨天,全家老小在地里抢收,现在坐屋里按个按钮,稻子自己'跑'进粮仓。"

从"卖稻谷"到"卖品牌"

"北有五常,南有崇明"——这是宋家坤常挂在嘴边的话。2016年,宋家坤创立"天麗久香"生态大米品牌,主打绿色种植与全程可追溯。为了打开市场，他带着样品跑遍上海各大商超，甚至化身"主播"在直播间吆喝："我们的米，煮饭时满屋飘香，冷了也不回生。"凭借过硬的品质，该品牌先后斩获"上海名优食品""中国绿色食品博览会金奖"。

2019年，"崇明大米"获得国家地理标志证明商标，当年，齐茂合作社同时获得"崇明大米"地理标志授权。在宋家坤看来，这是合作社积极参与区域公用品牌建设的结果。2024年，宋家坤做了一件震动崇明农业圈的事——联合周边12家合作社成立产业联盟。签约仪式上，他拿起一份《崇明大米质量标准》："从今天起，我们统一品种、统一加工、统一包装，共享渠道。"联盟成员不由感慨，过去单打独斗卖不上价，现在抱团发展，农民增收更有保障。在崇明打造"碳中和示范区"的背景下，宋家坤率先引入低碳种植技术。他种植冬季绿肥蚕豆，替代化肥使用，既减少面源污染，又提升土壤有机质含量。合作社还与上海市农业生物基因中心合作研发节水抗旱稻，通过减少灌溉水量降低甲烷排放，成为农业减排的标杆案例。

"新农人"带活一个村

"家坤这孩子，心里装着大伙儿。"2023年台风"烟花"过境时，齐茂合作社亮如白昼，暴雨砸在厂房屋顶噼啪作响，烘干机因电路故障突然停机，稻谷面临霉变风险。当时，宋家坤带着维修队冒雨抢修，泥水灌进雨靴也顾不上倒。凌晨三点，当机器重新轰鸣时，浑身湿透的他却转身对农户喊："把受潮的稻子都拉来，免费烘！"那一周，合作社昼夜不休处理了周边农户500多吨稻谷，连夜带人抢修合作社的烘干设备，免费为周边农户处理受潮稻谷。

作为党员，宋家坤牵头成立"田间课堂"，邀请农技专家培训新型职业农民；利用直播平台开设"云上农技站"，解答全国种植户的难题。如今，合作社吸纳近百名村民就业，还承接全区稻谷烘干业务。2024年，宋家坤又多了一个身份——乡村振兴"青创导师"。他带领团队开发"稻田研学"项目，让城里孩子在这里体验插秧、制作米糕，听他用年轻人喜欢的方式讲述农业故事。面对"AI取代农民"的质疑，宋家坤在培训基地的黑板上写下公式："现代农业＝智能机器＋智慧人脑"。

新起点上的"稻香梦"

每天，宋家坤的日程表排得满满当当：与上海师范大学合作选育抗旱新品种、扩建智能化育苗中心、筹备"天麗久香"海外出口⋯⋯最让他自豪的是，2024年合作社入选上海市科技小院，成为长三角农业硅谷的重要示范点。"我们要让崇明大米像芯片一样，用科技赋能，打造中国高端农业的标杆。"

面对农业劳动力短缺的难题，宋家坤提出"机器换人，但不弃人"的理念。他投资建设农业技术培训中心，每年培养数百名掌握机械操作与智能管理的"新农人"。"未来的农民要会看数据、懂市场，但土地的温度，永远需要双手去感受。"说这话时，他正指导学员操作VR种植模拟系统，屏幕上稻浪翻滚，与窗外的真实稻田交相辉映。

夕阳西下，宋家坤蹲在田埂边，指尖轻轻拨开一株稻穗，沉甸甸的谷粒泛起琥珀色光泽，无人机群正掠过天际喷洒叶面肥。远处，孩子们在"稻田研学基地"追逐嬉闹，空气里弥漫着米糕的甜香。"十年前，我回来是想守住父亲的田；现在，我想让全世界看见这片田里的未来。"他抓起一把泥土，任由细沙从指缝滑落："土地还是这片土地，故事早已换了新篇。"

从"农二代"到"科一代"，宋家坤用十年青春，在崇明的土地上书写着新时代农业的答卷。他的故事，不仅是个人奋斗的缩影，更是一代青年投身乡村振兴的生动注脚。正如他常说的："土地不会辜负汗水，科技终将点亮田野。"这片稻田里的"新气象"，正随着"天麗久香"的米香，飘向更远的地方。

文：欧阳蕾昵

沈叶鑫：

海外留学"农三代"的回乡创业路

中学就读于七宝中学，赴英国完成大学学业，从上海浦蔬农业科技有限公司负责人沈叶鑫优雅的谈吐中，不难看出他拥有良好的教育背景；而在黝黑外表下，他侃侃而谈"三农"政策见解、农学常识，又可见他专业新农人的知识储备。

"海归"与新农人，这两个截然不同的身份，经过十多年的乡村创业历程，已经在沈叶鑫身上巧妙融合了。就这样，多年来，从英国回来、喝着咖啡的绅士在闵行的乡村不断耕耘，书写着新农人的故事。

"海归"金融男　其实是个"农三代"

梳着干净利落的头发，架着书卷气的眼镜，说话也非常有逻辑性……第一次见沈叶鑫的人，其实能隐隐感受到他"学霸"的属性。事实上，出生于1985年，高中就读于七宝中学，在英国读数学专业，回国后进入期货公司就业的沈叶鑫，一直是同龄人眼里的佼佼者。

怎么会从金融跨界到农业？"这其实有点家学渊源。"沈叶鑫调侃自己是一个"农三代"：他的外公在上海农校当老师，他父亲就读于园艺专业。"外公曾是我父亲的班主任。"沈叶鑫从小在农校的教工宿舍长大。学校有专门的奶牛场和园艺场，"我就在这样的'农业'环境中成长，家里人的话题也都离不开农业。"

这样的家庭背景，让沈叶鑫对农业有着天然的熟悉度，也让他在这个行业内创业，在技术上能比其他人少走许多弯路。

在坚定选择农业之前，沈叶鑫履历丰富。"2009年回国后，我做过期货，也做过艺术品策展，还做过上海与喀什、阿克苏的农产品流通。"在职场兜兜转转几年后，沈叶鑫又将目光放到了农业上。

"金融行业的节奏很快，但农业不一样，乡村有自己的播种、收获季，日出而作、日落而息，这个行业完全跟着自然规律在运行。"沈叶鑫起初和朋友们开玩笑道，"我们自己去种点好吃又健康的菜。"没想到几个朋友都有兴趣，作为合伙人或出资入股，或作为技术骨干入职，或加入管理方，就这样，2013年，28岁的沈叶鑫成立了上海浦蔬农业科技有限公司，正式在乡村创业了。

转型，向中高端农业迈进

尽管上海农业的版图并不大，但沪郊九区的农业特点还是不同的。和合伙人跑了上海几个农业生产区后，沈叶鑫最终选择在闵行成立公司。

"闵行的土地较为零散，可能不像远郊那么集中，但是交通区域优势明确，流通成本低，区级财政实力也强，这是我们所看中的一点。"沈叶鑫表示，在他们的规划中，不只是想做传统种植农业，因此，选址时考虑的因素也较为综合。

成立当年，公司在浦江镇流转了200余亩土地，从蔬菜种植起步，种植的绿叶菜销往上农批等大流通环节。但现实是残酷的。一段时间后，他发现由于交通物流的迅速发展，上海本地蔬菜在价格上拼不过外地运来的蔬菜。"我们的土地租金一年要1800元/亩，是外地的两三倍，劳动力成本也比外地高出三分之一以上。相比之下，上海本地菜在批发市场上没有竞争优势。"

菜贱伤农，种得越多，赔得越多。创业初期的艰难让沈叶鑫开始思考：既然在批发市场上拼不过外地菜，是否可以错位竞争？

"随着大家对食品安全问题的日益关注，大家都想吃上绿色、有机蔬菜，愿意付出一定的成本吃放心菜的市民越来越多。"从2016年开始，他转变思路，采用有机农业标准种植蔬菜，直接配送家庭用户。大田种植鸡毛菜，一年能种10茬，而采用有机农业标准种植，最多只能种六七茬，土地还需要休耕，但因为蔬菜品质得到提升，沈叶鑫找到了愿意为它们支付更高价格的客户群体。

会员制、家庭配送模式的成功，让沈叶鑫尝到了中高端农业的甜头，"而除了一产种植，农业还有更多可能。"沈叶鑫内心渴望让公司逐步转型，从纯农业转向覆盖亲子旅游、农家餐饮、劳动研学、自然教育等农文旅项目。

为此，他和合伙人前往台湾、香港等地，甚至在当地住了一个月，去学习当地基地里亲子研学、自然科普教育是如何开展的。

结束了学习历程,回到上海的沈叶鑫"取其精华,结合本地实际",发展自己的自然教育课程和亲子农业项目。

"种动员"成立,让种子成为希望

随着亲子研学、自然教育业务的拓展,浦蔬公司的规模也在不断扩大,除了芦胜村和浦江村的农场,沈叶鑫还流转了近浦村的土地,如今,公司总经营面积达到约500亩。公司下属农娱果蔬专业合作社还入选了国家级生态农场和上海市学生劳动教育基地。

沈叶鑫为自己的农场取名"种动员",因为种子代表着希望。"主打亲子研学、体验采摘、自然课程"是他对农场的定位,为

座右铭
》》》》》》》

"
人生在勤,不索何获。
"

了提供更好的体验，农场进行了功能分区，除了种植区域，还设计了农事体验区、有机农业科普区等，以及游客接待、田头超市、少儿娱乐区等辅助区域。

2020年时，"种动员"已经是闵行辖区内知名的亲子农场。而农场内私人订制承包一块地的服务，一度让农场成为闵行亩产种植收益最高的农场。

"因为我们的蔬菜订单是会员配送制，在这个过程中，我们发现，有一部分群体，希望能够到现场有收获的体验，因此诞生了这一业务。"沈叶鑫表示，客户承包半分地，一年6800元的费用，包含了全年有机标准的田间管理，以及蔬菜配送服务。业务推出后，受到了亲子家庭的欢迎，甚至有些家庭因为人口多，半分地的产出不够，还多包了几块。

与此同时，因近浦村靠近黄浦江，依托滨江涵养林，沈叶鑫积极开发劳动教育、自然教育等与现代农业相结合的新型体验课程。他与上海师范大学附属第二中学、上海师范大学附中闵行分校深度合作，为学生群体提供社会实践、春秋游、主题课程等服务，2023-2024学年累计服务1.5万人次。围绕二十四节气，沈叶鑫开发了许多活动，每年为浦锦街道居民提供科普教育和农业体验类服务，累计服务超1000人次。

亲子农场的成功，令沈叶鑫感受到收获的满足。这颗象征希望的种子播种下去后，终于发芽了。但农业是个需要一直投入的过程。"我记得创业初的两年,我们几个董事的工资只有两三千块。后来农场赚到了钱,但仍需要将资金投入下一年的基础建设。"沈叶鑫回忆道。

2023年开始,周边银都路隧道工程的建设给"种动员"农场的发展按下了"暂停键"。"那段时间压力很大,合伙人也离开了一位。"但沈叶鑫没有气馁,"因为浦蔬公司的其他基地还在,我们的蔬菜配送和自然课堂还在延续。"

2025年6月,经过项目改造后的"种动员"农场再次焕新出发。走在崭新的农场里,一条宽阔的改道后的河道,将农场隔成了两块。"河道两边,我们计划开展露营、小龙虾捕捞等,拓展原先的业务。"沈叶鑫对未来期待满满。

而这块哺育他长大的土地,不仅滋养了他对农业的感情,也在政策上给到了他一定的扶持。2025年5月8日,沈叶鑫在区农业农村委员会、区市场监督局等部门以及浦锦街道相关部门的帮助下,拿到了闵行第一张农村地区违建存量保存建筑用于商业经营的许可证。浦江村一处1300平方米的办公厂房将重新启用,作为"种动员"的餐饮配套。"这是盘活村集体资产的一次探索。"沈叶鑫说。

正式启动的配套设施,不仅解决了"种动员"员工的就餐场所问题,也满足了大批家长带着孩子来农场体验时的"吃饭"需求。而这张证照的成功申领,也将为其他村盘活存量保存建筑,提供一条有效的新路径。

　　新农人要起到怎样的行业示范作用？或许每个新农人的答案都不同，但在沈叶鑫看来，除了把农业做好这件事，能够带给乡村正向的回馈，或者通过"领头雁"的作用，去推动相关政策落地，那也是新农人的一种责任。

　　从2013年创业至今，沈叶鑫已经走过12个年头。围绕农业，他还有很多事情想做。这次"种动员"农场的再次出发，或许是一个契机，"希望打造一个集休闲体验、科普教育、乡村文旅、餐饮、夏日夜经济等多业态于一体的农业田园综合体"。未来农场发展的画卷，已经在他的脑海里徐徐展开。

文：贺梦娇

沈燕燕：

打造繁华都市里的"百年农场"

2017年，对于沈燕燕来说，是人生轨迹发生转变的一年。这位从英国留学归来的海归硕士，怀揣着对农业的憧憬，参与打理位于上海嘉定的沥江生态园。国外学习期间，她就被欧洲农场开阔的田园风光以及成熟的农业经营体系所触动，归国后便投身农业。那一年，她也开启了这场未知的田园逐梦之旅。从农业小白到如今身兼多项荣誉的"新农人"，她用实际行动证明，农业并非传统产业的代名词，而是充满创新活力与广阔前景的朝阳事业。

接棒：探索标准化种养之路

沈维高是沥江生态园的创始人。1988年，沈维高怀揣着对农业的热爱从宁波来到了上海，之后又在嘉定最北面、与江苏太仓交界的地方，从承包数百亩果园起步，逐步将沥江生态园发展成为一个涵盖蔬菜种植、畜禽养殖、农产品加工营销、农业旅游于一体的多功能新型农业生态园区。

2017年，学成归国的沈燕燕从父亲手中接棒参与沥江生态园的部分管理职责。嘉定白蚕豆、黄桃、水稻、番茄……沥江生态园里的农产品品类丰富，一头扎进大棚的沈燕燕乐在其中。

沈燕燕很清楚，农产品的核心竞争力在于产品质量。于是，她与技术专家们一同研究了一套适用于园区生产情况的标准化种植与生产体系。从土壤改良到品种选育，从施肥灌溉到病虫害防治，制定了操作规范与质量标准，全程监管从产前到产中再到产后的各个环节，确保所有农产品不仅达到标准化生产的要求，还能从源头上保证其品质。农场已陆续通过了上海市蔬菜标准园和水果标准园的验收。各方面的机械化应用也保障了农场100%的标准化生产。2020年沥江生态园还获得了省级标准化示范单位的称号，众多产品均获得绿色食品认证。

与此同时，她积极与科研机构合作，对嘉定白蚕豆、梅山猪等特色农产品进行提纯复壮与品种改良。比如在嘉定白蚕豆的种植方面，沈燕燕与农技专家们通过温差实验，使其提早上市，既丰富了市民的"菜篮子"，又显著提升了产品的市场竞争力，为嘉定本地传统农产品的复兴注入了新活力。农场还养殖了全国农产品地理标志、嘉定特产"梅山猪"，她还与当地养殖专家一同探讨研究，提出了"现代发酵床养殖模式"，让沥江生态园里的嘉定梅山猪住上了"大房子"，睡上了"发酵床"，吃着园区里的天然蔬果茁壮成长，提升了梅山猪肉品质。养殖过程中产生的粪污也通

过技术手段进行资源化利用，实现了生态种养循环。沈燕燕也因此被大家亲切地称为"佩奇姐姐"。

融合：从"卖产品"到"卖体验"

很多人都会问沈燕燕为什么要来做农业？想在农业行业做些什么？

实际上，她在留学期间就特别关注国外农业的发展情况。给她感触最深的就是国外消费者对于本国农产品的信任度非常高以及国外健全的农业经营体系。这正是国内农业行业非常显著的痛点，但也让沈燕燕看到了发展的机会。她深知，现代消费者对于农业的期待早已不再局限于农产品本身，而是渴望能从中获得独特的体验与情感共鸣。

因此，回到国内后，成为"农场CEO"的沈燕燕开始将目光投向更为广阔的领域——农业与旅游、文化的深度融合。她希望能通过建立一个生态农场，让消费者可以更清晰直观地了解到优质农产品的产出过程，让彼此之间的信任体系更好地建立起来。"我想把农场做成一个开放、直观的地方，种植养殖过程公开透明，大家来我这里观光，与大自然和动物们亲密接触，心情变得舒畅，不用生硬地宣传和灌输，也能自然而然地来购买我的农产品，同时获得良好的购买体验。因为我的农产品质量好，能够形成一个良性循环。"沈燕燕说,她最想做的,就是促成这场农业经营主体和消费者之间的"双向奔赴"。

由于沥江生态园地处嘉定区的腹地,本身就拥有得天独厚的自然景观与深厚的历史文化底蕴。沈燕燕便以此为依托,大力开发休闲农业项目,将生态园划分为"内环"艺文休闲区、"外环"游览观光区、"中环"农业体验区三大功能区域,打造了水果采摘、农耕种植体验、湿地游览、田园瑜伽等一系列特色活动,让游客们在亲近自然的同时,深度感受农耕文化的魅力。

每年春季举办的"三花节",更是成为沥江生态园的"流量密码"。桃花、梨花、油菜花竞相绽放,烂漫花海吸引着八方来客。游客们穿梭于花丛间,拍照打卡、欣赏美景,参与挖春笋、挤牛

座右铭
》》》》》》》

"
在农业这条朝阳之路上努力向前奔跑!
"

奶等趣味活动,尽情享受着田园生活的惬意与欢乐。每年"三花节"期间还有效带动了周边餐饮、住宿等产业的协同发展,为当地乡村振兴注入了强劲动力。

赋能:线上平台的崛起

2020年,在嘉定区农联会的推动下,沈燕燕运用自己在市场营销领域的专业知识,与嘉定其他5位"农二代"一起成立了"我嘉生鲜"线上农产品销售平台,将嘉定"三白"、黄渡番茄、外冈大米等特色嘉定优质地产农产品从田间地头搬上市民的餐桌,拓宽了地产农产品的销售渠道,实现了地产农产品24小时内快速流通。

"我嘉生鲜"平台上线后,通过套餐形式为市民提供了大量新鲜蔬果,不仅解决了农户的销售难题,平台更是在短期内激增至7万多粉丝。"那个时候平台每天都爆单,每天400份订单,点击量达到100多万。我们发动了所有可以调配到的车辆,不论数量多少,每一单都送,每天都从七八点忙到深夜十一二点。后来通过GPS系统对订单路线进行了规划,更高效地将蔬菜送往居民小区。"沈燕燕说,那时她每天还要接几百通电话,处理售后问题,在她看来,客户的反馈是非常重要的,每一通电话都要亲自接洽。其间,还有不少人致电、留言表达感谢,这让沈燕燕为自己感到骄傲，也让她更加坚定地在这条路上发展。

经过四年多的运营，"我嘉生鲜"已经吸引了当地 50 多家优质合作社和农户的加入，年销售额超过 800 万元，销售订单量突破 10 万份，成为嘉定地区知名的官方农产品电商品牌。

助农：乡村振兴的践行者

当然，仅仅自身盈利是不够的。作为"头雁"项目带头人，沈燕燕始终牢记自身的社会责任，致力于带动周边农户共同致富。

近年来，通过"家庭农场+农户"的助农新模式，不断优化价值链，有效解决了本地农户的就业难题。此外，沥江生态园组织近百户本地农户利用自留地和零星土地种植油菜、花生、芝麻等经济作物，并以订单回购的形式对这些农产品进行深加工，既满足了市场需求，又显著增加了当地农民的收入。据统计，仅这两项措施，每年就为当地农民带来了超过 200 万元的收益，从而形成了农场与农户共赢的良好格局。

此外，沈燕燕还积极为农户提供农技培训与就业机会，在沥江生态园的员工中，本地 40~50 岁人员占比超过 70%，女性员工比例高达 50% 以上。她说："农业是充满希望的产业，我希望通过自己的努力，让更多人看到现代农业的魅力，吸引更多人回到乡村，共同建设我们的美丽家园。"

品牌：打磨一家"百年农场"

在沈燕燕看来，品牌的建设是农业实现可持续发展的关键所在。

她以园区内的招牌产品——梅山猪为核心，精心打造了"梅小宝"IP形象，并围绕其构建了一整套品牌视觉识别系统。

与此同时，沥江生态园深入挖掘地方文化资源，将传统酱油、米醋酿造工艺融入旅游体验项目，开发了一系列具有地域特色的伴手礼产品，进一步提升了品牌的附加值与美誉度。

在市场竞争日益激烈的当下，沈燕燕带领沥江生态园积极拓展品牌推广渠道，通过参加各类农业展会、举办品鉴会、开展线上营销活动等方式，不断提升品牌知名度与影响力，努力打造都市中的"阿勒泰"，让"沥江农家"成为上海地区乃至全国知名的农业品牌，向着"百年农场"的目标稳步迈进。

沈燕燕希望沥江生态园这颗"世外桃源"式的明珠，在都市的喧嚣中绽放出更加绚烂的光彩，成为更多人向往的"诗与远方"。

文：赵一苇

郏颖杰：

农业逐梦人，种业新航程

90后、CEO、985院校毕业生、海归高才生、农二代……上海惠和种业有限公司副总经理郑颖杰身上的标签众多。这位从嘉定田间走出来的新农人，在进入种业行业的10年内，带领公司从贸易型企业转型为育繁推一体化企业。从社区科普到产业扶贫，从企业内部管理信息化到参与国际种业交流与合作，她在种业的天地里耕耘、播种，属于她的种业理想在田间生根发芽。

与农业结缘：家庭熏陶下的种业情结

郑颖杰出生于种业家庭，与农业有着不解之缘。父亲郑惠彪是种业领域的资深人士，母亲陈银华毕业于南京农业大学，并深造于中国农业大学。郑颖杰童年时的假期，有时与母亲一起在中国农业大学的宿舍里度过，有时在外婆经营的种子门店度过，帮忙称量、包装种子、记账收款。耳濡目染下，农业的种子在她心底生根。

高考填报志愿时，郑颖杰选择了华东理工大学工商管理专业。"这是我和父母商议后的选择，因为我们认为，农业行业专业人才济济，但是拥有科学管理理念的管理人才比较稀缺。"她希望凭借自己的专业优势，为这个行业注入新的活力。本科毕业后，她远赴美国攻读整合营销与传播专业硕士，进一步拓宽视野，武装头脑。

2015年，学成归国的郑颖杰加入了父亲创立的上海惠和种业

有限公司，从基层做起，一步一个脚印地熟悉种业的各个环节，迅速完成了从农业"门外汉"到行业"小专家"的完美蜕变。在这个过程中，她越来越深刻地意识到种子是农业的"芯片"，对于推动农业发展和保障粮食安全具有重要意义。

公司转型：从贸易到育繁推一体化

惠和种业的主要产品包括高质量蔬菜瓜果、鲜食玉米等农作物种子种苗，日常经营45种作物、400多个品种。

多年来，郑颖杰致力于引进海外优质品种，并向海外推广国内优良品种。在她的努力下，公司在市场资源和品种开发上，均有了长足发展，开拓了欧美和国内多个市场，丰富了公司供应商组成结构以及产品构成。公司和35个国家的139家种子公司建立了贸易关系，每年出口各类种子近200吨，展现了中国种业的强大实力和国际竞争力。

2022年，公司正式从一家以贸易为主的企业转型为农作物种子育繁推一体化企业。在公司转型发展过程中，郏颖杰的身份也有了升级，不仅升级做了妈妈，而且从最初的总经理助理负责海外对接和信息平台的搭建，到接手全资子公司上海惠和蔬果种苗有限公司负责公司日常蔬菜育苗、提纯复壮、科普互动工作，再到如今正在为全面正式接班做准备。

郏颖杰秉承着"一粒种子可以改变世界"的理念，带领公司在全国不同生态带建设了17个新品种测试点，制定并持续优化新品种试验评价技术流程，对新品种进行鉴定、品比，年试验新品种超过2000个。

"我们还在国内首次建立了脱毒嘉定白蒜组培鳞茎三级繁种技术的全产业链研究与示范，实现嘉定白蒜脱毒种苗成果转化和产业化应用，恢复和改良了地理标志产品'嘉定白蒜'的种质，4.5厘米出口标准种蒜的亩产由原来的294公斤提高至599公斤，大幅提高种蒜出成率。"郏颖杰介绍。此外，惠和自主研发生产的新产品——脱毒草莓穴盘苗经过多年试验与推广，在成活率、商品性与产量等方面均表现优异，帮助广大草莓种植户提高收益。2024年，惠和还建立了草莓高架生产试验展示棚，深入研究草莓种植技术，为向种植户提供与品种相适配的草莓高产高质种植技术方案积累技术参数。

社会化担当：从社区科普到产业扶贫

在互联网时代成长起来的90后，有着与生俱来的"用户思维"。2016年，郑颖杰创立种业电子商务品牌"藏蔬阁"，将公司的商业模式从B2B拓展至B2C，将公司产品从专业种子延伸到家庭园艺产品。在此之前，惠和的业务重心在B端，销售对象以经销商、大型基地和种植户为主。她开创了新的销售理念，增加了C端销售业务和服务项目，让更多市民可以买到合法合规高质量的家庭园艺种子，直接吃上惠和研发和培育的新优特产品。利用微信公众号作为沟通窗口，向市民普及阳台蔬菜的科学种植方式与养护知识，并提供相应技术服务和产品支持。同时，深入上海多个社区与校园开展农业科普活动，为广大市民提供服务。目前，公司已与上海市多家社区、十余所幼儿园及中小学合作推出系列课程，进行专业的蔬菜知识科普服务。

公司不断壮大，也意味着需要肩负更多的社会责任。郑颖杰没有忘记自己的使命。在前些年助力脱贫攻坚的大背景下，公司与贵州省和江西省的多个县建立产业扶贫项目合作，根据当地气候条件、种植环境、栽培模式，因地制宜为种植户提供适合当地发展的优良品种，并进行栽培指导，提供产销对接，帮助他们实现增产增收。

座右铭
〉〉〉〉〉〉〉

" 大知闲闲，小知间间。"

信息化建设：科技赋能企业管理

专业背景的加持，让郑颖杰对企业内部管理有着更前沿的思考和认识。

近几年，"惠和"从种业领域的小型企业转型为中大型企业，公司的规模实现飞跃，员工增至124人，研发团队不断壮大，高学历人才纷纷加入，生产基地也不断扩大。公司的发展，对人员的管理也带来了前所未有的挑战。

郑颖杰深知信息化建设对企业管理的重要性。于是，她分层分类引入ERP系统、OA系统、CRM系统、试验管理软件等信息管理系统，对日常仓库管理、发货管理、质量控制管理等进行了标准化建设，公司的日常运营及客户关系管理变得更加科学化、规范化，工作效率大幅提升。

"我们原来的管理手段有些滞后性，比如一些作物的田间记录，需要经过很长的一段记录和传达过程。通过升级信息化系统，我们可以缩短管理流程，实现过程管理，在问题发生的当下及时介入解决，甚至在问题发生之前就作出预判。"她计划升级客户关系管理软件（CRM）并引进育种管理软件，通过全流程信息化管理系统，让公司实现种子质量精准管控，优化内部沟通协作流程，为快速发展奠定基础。

国际化视野：提升中国种业影响力

郏颖杰的视野，并未局限于国内。

2011年春天，郏颖杰曾跟随父亲前往欧洲拜访种业公司，参观了他们的各类加工设施。在欧洲，郏颖杰看见衣着整洁，甚至衬衫在身的中青年人坐在各类农机设备上熟练地进行着操作作业。这次"外出"，让郏颖杰明白了"农业从来都不是一个落后的行业"，也让她看到了中国农业日后可以努力的空间。

近年来，她积极投身国际种业交流与合作，成为亚太种子协会国际贸易与检疫委员会成员，并于2024年成功当选执委。亚太种子协会作为一个国际化的高端平台，汇聚了来自亚太、欧洲、非洲、大洋洲等多个地区的国家成员,是全球会员最多、涉及区域最广的种子领域协会。每年举办的亚洲种子大会,通过商业洽谈、技术展示、圆桌会议等多种形式,为国际种业人才提供宝贵的交流与合作机会。

通过参与协会活动,郏颖杰努力为中国种子行业在国际规则制定中贡献力量,提升中国种业的国际话语权和影响力。"比如我们正在讨论简化国际贸易中种子检疫流程,希望能够减少其中时间和成本浪费,制定一些规则,以推动国际贸易便利化。"郏颖杰表示,在接下来的任期内,她将充分利用亚太种子协会这一平台,加强与国际种业组织的联系与合作,推动中国种业与国际接轨,引进更多先进的育种技术和管理经验,同时希望能有越来越多的年轻人加入,共同让中国优秀的种业成果走向世界,为全球农业发展贡献中国力量。

文:赵一苇

周瑜：

破圈传奇："草莓姑娘"引领白鹤草莓重塑产业活力

在上海青浦的白鹤镇，被人们称为"草莓姑娘"的周瑜，年幼时就跟着父母在田间地头种草莓，成年后更是创立合作社投身农业，与草莓结下了不解之缘，也见证了近四十年白鹤草莓产业的变迁与腾飞。

从医学专业跨界农业，周瑜以"逆向思维"返乡创业，不仅成功推广了红颜草莓这一优质品种，更是在三产融合、品牌营销等领域成为探路者。她的故事，折射出新农人在传统农业转型中的突破与担当。

"我从小就跟着爸妈在地里种草莓，那时候大家毕业都往城市里涌，我就觉得要逆向思维，隐约认为农业更有广大天地。"回忆当年，周瑜记忆犹新。一开始，家里人觉得大学生回家种地是"没出息"，尤其还是一位上海第二医科大学毕业的高材生，大家都不同意她的决定。

于是，在毕业后的一年，周瑜辗转于上海宝钢建设公司和金茂大厦从事都市白领工作，但从未间断过说服家里人，尤其是希望得到父母的认同。"衣着光鲜，朝九晚五，在甲级写字楼里上班，薪水还不错，但这不是我想要的生活。"

经过不懈的努力，父母终于松口了，2007年，顶着"名牌大学生回乡种地"的质疑声，周瑜正式返乡创业，成立上海青浦区永胜瓜果专业合作社，这个决定也在无形中为白鹤草莓产业开启了从传统种植到蓬勃发展的二十年历程。

创业破冰始于"红颜"草莓的引进与推广

当时的白鹤,当地草莓种植户仍固守老品种"丰香"。四处寻访新品种的周瑜从一位白鹤草莓研究所的老专家处了解到浙江农科院那里有个早已引进却一直未得到推广的好品种——"红颜"。

一开始,周瑜将这个新品种草莓在 10 个大棚内进行试种,成熟后的红颜草莓香气浓郁、果肉细腻,圆锥形的果形可爱讨喜,尤其是富有光泽的表皮格外亮眼,与传统品种"丰香"的淡红畸形果形成鲜明对比。

"你们这草莓怎么这么漂亮呀,是不是抹油涂蜡了?"前来取经的同行惊讶于"红颜"出色的外形,品尝之后更是赞不绝口,"口感细腻,比平常吃的草莓都要香甜可口,而且果实的硬度更适合长途运输。"如此优秀的好品种令周瑜毅然决定放手一搏。她当即将自种的 300 亩草莓种植田全部种上"红颜"草莓,不仅果品质量有了质的飞跃,产量也较之前提高不少。

那年,周瑜还带着精心栽培的"红颜"草莓去参加全国草莓擂台赛,获得第六届中国草莓大会擂台赛一等奖,成为上海草莓参赛第一人,被新闻媒体争相报道。她也因"女大学生回家种草莓"出了名,被人们誉为"草莓姑娘"的故事也在当地传开了,成了当时的"网红"新农人。

但要让全镇都种上新品种并非易事。习惯于老品种的种植户们对新品种推广并不积极，一方面担心换成新品种后未知的品质和产量风险，另一方面又考虑到全部换新所需要的成本增加。

2008年，也就是合作社引进"红颜"的第二年，在市、区、镇三级政府的共同支持下，周瑜和她的合作社将自主育苗的60亩"红颜"草莓苗免费提供给白鹤的草莓种植户们。就这样，"红颜"草莓被成功推广到白鹤镇的11个村。

短短两年，白鹤镇"红颜"草莓亩产提升30%，草莓"身价"也随着品质翻倍，农户从抗拒转为争相种植。好品种被市场认可的消息一传十、十传百，"红颜"草莓成了白鹤种植户们追捧的草莓品种。

新的品种让白鹤当地的草莓产业有新气象，白鹤草莓和高品质草莓画上了等号，从此声名远扬。如今，"红颜"已然成为白鹤草莓的主栽品种。

思路决定出路：新农人的"破圈"实践

上海市场消费潜力巨大，但对农产品品质的要求也几近"苛刻"。基于这样的市场需求，引入高品质"红颜"草莓是周瑜创业的第一步。

"农业的门槛并不高，在我看来，新农人要做的应该是示范引领的效果，而不是单纯去抢占已有的传统销售市场，这样才更有意义。"既要发展自己的事业，又要保护本地莓农的利益，周

座右铭

> **新农耕梦,智领远方。**

瑜在未知领域下起了功夫。

首先,她考虑的是如何培养上海市民新的消费习惯,让市场认可"红颜"并卖出好价格。

"原本我们白鹤的草莓都是论斤卖的,用竹筐成筐地运到批发市场交易。"周瑜觉得这太"委屈"自己精心培育的"红颜"草莓了。于是,她自己设计、采购包装材料,将草莓像鸡蛋一样,一个个装进包装盒里。这样单独包装的理念一开始家里人也不能接受,因为成本太高,第一年就采购了几万块的包装,种了一辈子草莓的父母一边心疼一边包装,埋怨话也少念叨。

虽然单独包装后的"红颜"草莓售价不菲,8斤装一盒售价320元,但父母仍担心这个价格市场能不能接受,要是卖不掉,几万块包装费岂不打水漂了!

"结果你猜怎么样？"周瑜俏皮一笑，"太火了，到最后，草莓还没采完，包装袋就用完了。"

不同于传统批发市场交易路径，周瑜基于年轻人的逻辑思维，在篱笆网、天涯论坛发帖置顶，吸引了一批品位高、消费能力强的消费者。这之后，周瑜趁热打铁，注册了合作社自己的网站、建QQ群，助力草莓销售，在全网圈了一波忠实粉丝，"草莓姑娘"的名声更大了。

在产品设计方面，周瑜打破农产品边界，开发"草莓花"产品，创新地用草莓制作成花束进行售卖。"一开始我设计了'草莓花篮'，本来只想放在草莓庄园打打广告，没想到客户都纷纷前来咨询购买，于是就开发了后来的产品。"周瑜说，那年小年夜正逢情人节，"草莓花"系列产品一经推出，供不应求，有客户甚至特地从外地赶来订购。

"草莓花篮""草莓捧花""草莓桌花"等礼品花源源不断接收订单：与各式鲜花搭配起来的花篮鲜艳喜气，与香槟玫瑰交织在一起的草莓礼盒洋气高端，还有红白草莓混搭的捧花更是别出心裁，既有创意又具心意。

草莓的采收季一般是从当年 11 月中下旬到次年 5 月上旬，跨越时间较长。一般每年春节后，随着入春气温的上升，地里的草莓会快速成熟，每日上市量剧增。

面对产量激增，采收工人不够，地里的草莓来不及采收，眼看美味的草莓要烂在地里，周瑜又心生一计：搞采摘，让市民进基地自己采！

就这样从一产到三产，合作社带动周边老百姓开始搞起农家乐，白鹤小镇呈现出游客络绎不绝、车辆川流不息的热闹场景。

"那时候的采摘游火爆得很，周末高速路口堵车成为常态，天气好的周末村里的路上到处都是车子，保安都忙着维持秩序。"周瑜说，永胜合作社门口的马路从周一到周日就没有一天是空闲的，都是慕名而来的市民游客。

传统种植遇到新科技

科技赋能农业之风也吹到了白鹤草莓，"氢肥"便是其中之一。

氢能是实现多领域深度清洁脱碳的重要载体，在交通、工业、建筑、电力、农业等多个领域有广泛的应用。

周瑜了解到富氢水浇灌用于农业（水稻）的案例，便思考：既然水稻可以用富氢水浇灌，那是不是可以用在草莓种植上呢？

2018年以来，青浦区成功引进液化空气集团与南京农业大学合作建立的氢水稻、氢草莓和氢蓝莓示范基地，周瑜的草莓庄园也在这一年成为富氢水浇灌的实验基地之一。

富氢水是指通过氢气水处理器制备出含有丰富氢气的水。头两年，用富氢水浇灌草莓的效果并不明显，但从第三年底开始，富氢水浇灌后的草莓根茎粗壮，开始显现出区别于其他对比试验棚内草莓的优异特征，生长率和存活率都大大提高。

"普通的大棚产量3000斤，富氢水草莓大棚产量可以达到3500斤，口感也更甜。"周瑜介绍说，"富氢水浇灌的草莓明显个头更大，口感甜度可以提高一度到两度，我们庄园的有机草莓卖50元一斤，富氢水浇灌的草莓可以卖到150元一斤。"

此外，科学的生产管理也让草莓庄园的草莓格外美味。"种半年休半年"的休地模式、施用高温发酵的自制有机羊肥以及一套系统完善的"闷棚"工序，让庄园的草莓不仅绿色有机，而且还原了草莓原本该有的香味和浓郁的口感，驱车驶过庄园外面的马路都能远远闻到浓浓的草莓香。

新农人的"引领"使命

周瑜总是把"责任""担当"挂在嘴边。

周瑜先后被选为上海市政协委员、市人大代表,她对自己的定位不局限于种草莓、卖草莓。"因为我的多重身份,参加的活动、对政策的了解也比较多,考虑的内容也不局限于种植销售。"周瑜表示,作为全市首批新农人,她涉足农业近20年,基于对农业的感情和多年来积累的经验,对上海农业的发展有着更多的期待与使命感。

在2025年的"两会"上,周瑜带着"发展现代设施农业、促进新质生产力发展"的建议呼吁:在政策供给上,要为现代设施农业项目提供稳定的土地资源保障和多元化的融资渠道;在科技创新上,要加强农业科研机构与企业的合作,重点在智能温室、植物工厂、工厂化养殖等领域,研发和推广一批具有自主知识产权的新技术、新装备;在培育主体上,打造一批知名的现代设施农业品牌,提高产品的市场附加值和竞争力。同时,完善利益联结机制,让农民更多地分享现代设施农业发展所带来的收益。

低头创业,也要抬头看路。在创业的间隙,周瑜从未停下求学的脚步,2015年攻读浙江大学MBA,2023年赴澳门大学研修DBA。"破圈"思维一直在打破她认知的枷锁和事业的边界,与艺术家、地产商对话,听到更多领域的专家给到自己的宝贵建议,实现学业与自我的双重进阶。

"跳出农业看农业"是周瑜对自己的要求，凭借这一理念，她穿梭于农业与科技等多个领域，不断扩展视野，不仅引入现代农业理念，还发展三产、创新引领消费，拓宽农产品销路，带动周边农户共同致富。

"农业光靠情怀是活不下去的，需要责任和坚守。"周瑜这二十年，是新农人从"破土"到"破圈"的缩影。正如她所言："农业的'新'，不在于技术多先进，而在于是否有人愿躬身入局，把每一步踩实。"

文：许怡彬

贾涛：

在创业路上，探索农电文旅模式创新样板

从集团管培生到农业创业者,从传统农业的门外汉到农文旅融合与乡村电商领域的先锋,在明确农业这个方向后,贾涛一头扎进乡村,把自己的热情都献给了这片土地。贾涛称自己为连续创业者,他喜欢一次又一次从0到1、冲破困境迎来曙光的感觉。作为一位90后"新农人",他用三产融合的创新理念助力嘉定多个乡村建设,用互联网思维搭建电商直播带货平台,帮助当地农户进行产销对接,推广优质地产农产品。他始终干劲十足,他在上海的郊野迈着坚定的步伐,走向自己心中的"黄金年代"。

从管培生到卖菜人

贾涛的农业之路,始于一次大胆的抉择。大学毕业后,他曾进入一家集团公司成为管培生。这份工作光鲜亮丽,却并非贾涛内心真正的向往。在经历了短暂的管培生生活后,他毅然决然地放弃了看似前途无量的管理岗位,一头扎进了农业领域。

"虽然管培生的机会非常难得,也很有挑战性,经过轮岗培训、通过考核后便可以成为大区经理。但我刚毕业,还很年轻,没有基层实干经验,我更希望找到能够让自己感到踏实的事业。"贾涛回忆道。于是,他选择了一分耕耘一分收获的农业,来到了嘉定农副产品中心,从最基础的蔬菜、粮油批发做起。半夜十二点睡,凌晨两点起床,是家常便饭。这样的高强度工作成了贾涛农业生涯的开端。虽然很辛苦,但贾涛从来没有后悔自己的选择,说起这段经历时也总是嘴角带着微笑,因为他知道自己还会走得更远。

在批发市场的日子里,贾涛有了与众多农民打交道的机会,在这段时间里,他深入了解了传统农业种植和销售的现状与困境。"我看到农户们辛辛苦苦种出来的蔬菜,有时候因为卖相不好或者信息不对称,就卖不出好价钱,甚至卖不出去,而中间商也赚得并不多。这让我意识到,传统农业模式需要变革,必须找到新的出路来提升农业的价值和效益。"贾涛说道。

农文旅融合助力乡村振兴

怀揣着对农业的热忱和改变现状的决心,贾涛开始探索新的农业发展模式。2018年,他参与了毛桥集市项目的筹备工作,负责米面油工坊和毛桥集市食品配送中心的搭建,并在项目一期开业后承担起运营的重任。

"最初的想法是将传统农业与文化体验相结合,让农产品不仅仅是农产品,还能承载文化价值,以此吸引更多人关注农业。"贾涛介绍道。他在米面油工坊内设置了体验区,将传统农业器具

座右铭
》》》》》》》

"

我们将继续为人民对高品质果蔬和美好田园生活的向往而努力。

"

的使用过程可视化,游客可以在这里亲手操作,感受传统农耕文化的魅力。这一创新举措,让毛桥集市逐渐成为一个集休闲、观光、体验于一体的特色场所,吸引了大量游客前来打卡。

2019年,贾涛成立了上海农耘达农业科技发展有限公司,并开始签约毛桥集市进行项目代运营。随后,他又创立了上海愚农农庄有限公司,打造了愚农庄园,形成了原创的"大集市+小农庄"农文旅创新融合模式。在这种模式下,"大集市"聚集了小吃、民俗、水果、鲜花、文化等多种集市以及民宿、游船、农家餐厅等配套项目,负责吸引游客流量;"小农庄"则由愚农庄园以及毛桥村村民自主建设和经营的农庄或民宿组成,为游客提供餐饮、住宿、休闲、亲子等配套服务,实现了流量的进一步转化。

"政府、民营企业以及村民形成一个命运共同体,大家共同发力,将客流转化为了实实在在的消费。"贾涛表示,通过这种模式，毛桥村的游客接待量大幅增加，半年就达到了 28 万人次，村里的房屋再利用比例提高了 75%，带动了近 200 个就业岗位，华亭镇农业加工和旅游等产业产值增加近 2 亿元，毛桥村也成功创建为"上海市乡村振兴示范村"。

开启电商赋能农业之旅

随着互联网的迅猛发展，贾涛敏锐地察觉到电商的巨大潜力。2023 年 6 月他开始筹办嘉定区首家集"农、电、文旅"于一体的多主题综合性乐园，并于 2024 年 3 月 15 日投入试营业。2024 年 7 月底，他成立了莓丽乐园电商部门，正式开启了公司的直播带货之旅。他整合周边优质的农副产品资源，打造了"疁城优选""疁城优品""一农生鲜"等区域公共品牌，借助抖音、拼多多等平台，将地产特色农副产品推向了更广阔的市场。

"电商的魅力在于它能够打破时间和空间的限制，让我们的农产品不再受制于传统销售模式的束缚。无论是工作日还是节假日，无论是白天还是黑夜，都可以实现销售，这极大地拓展了我们的市场覆盖面和销售量。"贾涛兴奋地说道。

起初，这个项目并不被看好，大家都认为上海农业体量小、做农业电商盈利空间不大，加上这几年，经济形势不好，生意更难做了。但贾涛却信心满满，他相信未来农业行业拥有巨大的潜力。虽然创业初期比较艰难，但贾涛顶住了压力，想方设法筹集资金，一步一步解决问题，在不断的尝试和摸索后，2025年1月起，贾涛的项目实现了盈利，逐渐走上正轨。

在直播带货的过程中，贾涛也遇到了不少挑战。最开始，他对直播规则并不熟悉，在直播过程中不小心违规，但他并没有因此退缩，而是通过不断学习和实践，逐渐摸索出了一套适合自己的直播带货方法。从最初个人每天直播3到4个小时，到后来组建专业的直播团队，贾涛的电商团队不断发展壮大。截至目前，累计直播带货数百场，产品销量超过10万件，营业额累计过百万元。

"我们专注于本地农产品，打造区域公共品牌，提升区域特色农副产品的市场竞争力，推动了灯塔村及周边地区农业产业的发展。"贾涛自豪地表示。同时，他还注重与当地农户建立紧密的合作关系，优先销售本地农产品，帮助农户解决了销售难题，提高了农户的收入和生活水平。"我们是在农产品滞销、老百姓真正需要对接销售渠道的情况下为他们直播带货的，不会挤占农户本身的利益空间，所以我们的群众基础也非常好。"贾涛说。

匠心传承，坚守初心

在贾涛的成长过程中，父辈们对他的影响颇深，教会了贾涛坚韧的品格和豁达的胸襟。他的公司名叫"农耘达"，是父亲命名的，他拓展了这个名称的内核，把"农者无疆，耘者必达"作为自己公司的口号，"我希望能够带领公司和团队继续为人民对高品质蔬果和美好田园生活的向往而努力。"贾涛说，公司名称的延续，也是自己从父辈那里传承农业精神的某种象征。

虽然父辈在农业领域有一定的积累，但更多给到贾涛的是理念树立和品格上的锤炼，在创业期间，贾涛很少向他们寻求帮助，每一笔资金、每个问题都尽力靠自己去解决。

在贾涛的心中，品质和责任始终是农业产业发展的基石。他深知农产品的质量直接关系到消费者的健康和信任，因此在选品和采购过程中，始终坚持严格的标准，确保所销售的农产品绿色、健康、无污染。

"我们不会为了追求利润而降低产品质量，也不会为了节省成本而选择不健康的农产品。我们所做的一切都是为了给消费者提供优质、安全的农产品，这是我们的初心，也是我们一直坚守的底线。"

此外，贾涛还积极履行社会责任，投身公益事业。2024年5月，他受邀参加全国助残日主题活动，并揭牌"嘉定工业区助残阳光实践园"。开启了公益助残之旅，助力残障人士直播电商销售、岗位培训等多个技能培训项目。同年6月，他向上海市公益基金会旗下舟桥公益基金会捐赠了5万元，同时每学期资助菜鸟公社公益组织资助的四名孩子4800元，这一资助已经连续6年。

"做好农业产业就是最大的公益。我们从土地中获取资源，就应该回报土地和人民。"贾涛说，"我们希望通过自己的努力，让更多的人关注农业、关注乡村，共同推动乡村振兴事业的发展。"

打造可复制的乡村发展样本

站在乡村振兴的新起点上，贾涛有着更宏大的目标和愿景。他计划将自己在毛桥村和灯塔村探索出的农文旅融合与电商发展模式进行总结和完善，形成一套可复制、可推广的乡村发展样本，推向更广阔的地域。

"我们正在与周边的村庄进行合作洽谈，希望将我们的成功经验带到更多地方，帮助他们实现乡村振兴。"贾涛说道，"未来，我们还计划在长三角地区打造更多的田园综合体，推动长三角一体化快速融合，让更多的乡村受益于我们的模式和经验。"

同时，贾涛也希望通过自己的努力，吸引更多的人才投身农业和乡村发展事业。他认为，乡村振兴的关键在于人才，只有让更多的人才愿意来到乡村、留在乡村，才能为乡村的发展注入源源不断的动力。在贾涛看来，未来的 10 年是属于农业的黄金年代，"虽然目前乡村在吸引和留住人才方面还面临着诸多挑战，但我相信，随着我们的努力和政府的支持，乡村的环境会越来越好，机会也会越来越多，一定会有更多的人才愿意来到乡村，共同创造美好的未来。"

文：赵一苇

顾凤君：

从"菜篮子"到"智慧园",看"番茄姐姐"的农业创业路

在嘉定区安亭镇，百蒂凯农业生态园内，挂着露珠的番茄藤蔓恣意生长。阳光洒下，饱满果实泛起红黄相间的光泽，宛如漫天繁星，印证着顾凤君投身农业30年的坚守与荣光。

这位从四川农村走进上海滩，在菜市场起家的女性新农人，凭借着一股不服输的韧劲和一往无前的拼劲，一步步将百蒂凯打造成农业全产业链企业，让"黄渡番茄"等嘉定地产传统农产品重焕生机。

市场结缘，怀揣菜篮闯上海

1995年，上海天山路紫云市场熙熙攘攘，20岁出头的顾凤君怀揣着对未来的憧憬，与丈夫宋胜利在此开启了卖菜生涯。

清晨四五点，当城市还笼罩在朦胧夜色中，顾凤君已穿梭在批发市场，精心挑选各类蔬菜，然后赶回菜场，将新鲜菜品整整齐齐码放在摊位上；傍晚收摊后，夫妻俩又拖着疲惫身躯去进货，为第二天的生意做准备。这样的生活虽然辛苦，可顾凤君从未抱怨，她总说，"既然选择了，就踏踏实实做事。"

凭借这份质朴和勤劳，顾凤君的菜摊积累起一批忠实顾客，周边餐馆也纷纷抛来橄榄枝。然而，好景不长，紫云市场因城市规划被拆除，顾凤君决定转型搞蔬菜配送。

没有了实体摊位束缚，她利用积累的客户资源，一单单接下配送订单，客户范围逐渐扩大，从街边小吃店到知名连锁餐饮，订单量稳步攀升。短短5年，顾凤君靠配送蔬菜赚得人生首个百万，在上海站稳了脚跟，为孩子办理了蓝印户口，用事实证明，干农业也能干出"金疙瘩"。

贵人相助，开启农业新航线

2005年，一场大型公益活动为顾凤君推开了通往农业新世界的大门。彼时，顾凤君夫妇正为活动供应蔬菜。备餐时，美国主厨瑞查德因海鲜食材出问题而焦躁不安。不会英语的顾凤君读懂了这份焦虑，丈夫宋胜利毫不犹豫地骑上摩托车，冲进铜川路市场，辗转多家摊位，买回了瑞查德急需的食材。

这份雪中送炭的热忱打动了瑞查德，他专程登门致谢，并带来一些蔬菜种子和创业新思路。他建议顾凤君打造配送团队，从源头抓起，种植优质农产品，创立品牌农业。那一刻，顾凤君眼前豁然开朗，"土地不仅能长蔬菜，还能长出梦想"。

说干就干，2009年，顾凤君与丈夫携手成立了上海百蒂凯蔬果种植专业合作社，在嘉定承包土地，开启种植基地运营。她将目光聚焦色拉菜，逐步拓展至净菜加工、冷链运输、餐饮配送等环节，构建起完整的农业产业链。2010年，百蒂凯更是凭借过硬的蔬菜品质，成为上海世博会西班牙馆和墨西哥馆的色拉蔬菜

供应商，在国际舞台上崭露头角。

复兴番茄，种下乡愁新希望

黄渡番茄，这一嘉定农业历史名片，承载着几代人的舌尖记忆。20 世纪 60 年代，安亭镇黄渡地区凭借独特的土壤和精细化管理，孕育出口感沙糯、皮薄汁多的优质番茄，种植面积一度突破千亩，堪称农业"万元户"产品。

然而，随着工业化推进和蔬菜流通格局改变，黄渡番茄逐渐淡出市场。2016 年，嘉定区为重振农业特色品牌，重启黄渡番茄种植计划。顾凤君接过这一重任，她联合上海市农业科学院专家，一头扎进田间地头，从改良土壤、选育良种到优化种植技术，经过无数次试验、失败、再试验，终于让黄渡番茄找回了那份色泽红中带黄、口味酸甜交织、甜中有沙、沙中带糯的经典味道。

在百蒂凯的带动下，如今，黄渡番茄种植面积近 200 亩，实现了标准化栽培与有机认证，重新回到市民餐桌。为提升黄渡番茄的知名度，嘉定举办了五届黄渡番茄文化节，并注册了"黄渡番茄"商标。精心设计的黄渡番茄卡通 IP 形象，正在面向市民征集名字，未来还将推出一系列周边文创产品，让传统农产品变身富有地域特色的文化符号，进一步拉近与消费者的距离。

顾凤君也因此被大家亲切地称为"番茄姐姐"，随后她便注册了"番茄姐姐"商标。她希望，未来可以搭乘电商的"春风"，进一步提升黄渡番茄的品牌影响力和亲和力，充分展现黄渡番茄的地域特色和历史文化底蕴，打造安亭镇农业产业的新名片。

科技赋能，打造智慧农业园

在顾凤君眼中，农业绝非传统印象中"面朝黄土背朝天"的落后产业，而是科技含量和附加值更高的现代都市型农业。"要科学种植，要学习最前沿的技术，更要研究市场需要，不能埋头蛮干。"在顾凤君看来，干农业仅凭一腔热血蛮干苦干是远远不够的，需要智慧和科技的辅助。

在百蒂凯农业生态园内，连栋大棚、单体大棚整齐排列，集约化育苗工厂、先进灌溉系统一应俱全。功能区划分明确，叶菜区、茄果区、采摘区、体验区等各展其能。占地 1 万平方米的生态园农业展示中心内设有滴灌技术、无土栽培、植物工厂等现代高效农

座右铭
》》》》》》》

" 健康生活从一棵菜开始。"

业技术的种植展示，如巨型南瓜、名贵兰花以及丰富多彩的蔬菜农产品上百个品种。位于外冈镇周泾村的蔬菜基地作为上海市蔬菜生产"机器换人"示范基地，引入了一系列农机设备，提升了生产效率。

  为了更好地掌握"源头"，把控蔬菜的品质，实现"闭环式营养自给"的农业模式，顾凤君先后前往日本、荷兰学习，钻研农业生产知识与技能。此外，基地菜园已通过权威机构的有机认证，严格禁止使用任何化学合成物质，有效防止了农业面源污染，使周边环境生态化、生物多样性得以增强，极大地改善了区域周边的整体生态环境。"我希望百蒂凯可以走出上海，面向全国，成为有机行业的标杆，让每个人吃到健康、平价的有机蔬菜。"

  如今，百蒂凯已经是一家专业从事有机蔬菜生产、加工和销售的综合性公司，集规模化、设施化、产业化于一体，拥有种植生产、包装加工、净菜加工、配送及销售结合为一体化流程作业的经营模式,拥有自营基地2000余亩,设立了蔬菜加工厂两处计10000平方米左右,蔬菜配送中心一处2000平方米左右,西郊批发门市部四处及农文旅1056亩现代农业园区,形成了以色拉菜为主、香料菜为辅的品类体系。基地种植的蔬菜种类达80多种。

更令人称道的是,百蒂凯积极探索三产融合新模式,打造集农耕体验、科普教育、休闲观光于一体的农业旅游项目。在共享菜园里,孩子们亲手播种、浇水、收获,感受生命成长的奇妙;农业知识讲座、亲子活动、丰收节等轮番上演,让市民在亲近自然中了解农业魅力。同时,百蒂凯还在创建生态循环示范基地,将菜皮转化为有机肥料,构建起鱼菜共生系统,实现废弃物资源化利用。

巾帼力量,播撒农业梦想

顾凤君深知,女性是农业发展不可或缺的"她力量"。在百蒂凯,女性员工占比高达60%,她们参与种植、管理大棚、开拓市场,用实际行动打破性别偏见,撑起企业发展半边天。

顾凤君常鼓励姐妹们,"农业天地广阔,只要肯努力,女性一样能干出大事业"。她计划建立更加专业的团队,吸引更多妇女同胞投身农业,为她们提供技能培训和晋升机会,让她们共享农业发展红利,过上富足生活。

为回馈社会,百蒂凯积极参与云南姚安扶贫及嘉定区乡村振兴示范村建设，带动当地百户贫困户就业，发展蔬菜产业超2000亩，年创收超3000万元，为乡村振兴注入强劲动力。

顾凤君还致力于让农业走进校园，与学校合作研发"学农"项目。

她利用5G、大数据和信息化技术，打造可复制推广的教育模式，让学生有机会深入接触农业，了解从田间到餐桌的全过程，激发他们对农业的兴趣与热爱。

她坚信，"农业需要新鲜血液，只有让孩子们从小接触农业，才能培养出更多优秀农业人才，让农业发展之路越走越宽"。通过这种教育融合方式，顾凤君希望在孩子们心中播下农业梦想的种子，未来收获一片充满活力的农业新天地。

从菜场摊主到农业企业家，顾凤君用30年时光书写了一段农业传奇。她凭借敏锐的市场洞察力、坚韧不拔的意志和勇于创新的精神，在农业领域闯出了一片天地。她常说："农业是一片充满希望的田野，只要心怀热爱、脚踏实地，就能在这片土地上绽放光彩。"

未来，"番茄姐姐"还将继续助力农产品高质量发展，带动更多农民增收致富，深挖农业文化内涵，推动农业与科技、教育、旅游深度融合。"我希望农业能成为令人向往的产业，乡村能成为安居乐业的美丽家园。我会继续怀揣梦想，与万千农人携手共赴星辰大海。"顾凤君说。

文：赵一苇

顾永豪：

00后"农民伯伯"在希望的田野上书写青春华章

在奉贤区庄行镇新叶村的上海腾达兔业专业合作社，时常有中小学校的学生到此开展研学活动。在合作社特地设置的开放式喂养区，学生们可以与兔子近距离接触，摘取绿草和嫩叶，一边投喂小兔子，一边听科普介绍，"这个品种叫'虎皮黄'，皮毛专门用来做黄呢子大衣；这个叫'青紫蓝兔'，不像常见的白兔子红眼睛，它的眼睛是黑色的，这种兔子专门用来做眼科实验的……"为他们介绍的，是合作社副理事长，也是一名年轻的00后"农民伯伯"顾永豪。

这几年，在奉贤乃至上海新型职业农民的圈子里，顾永豪的名号越来越响亮。不仅是因为他和许多年轻人一样朝气蓬勃，还因他能将各种奇思妙想付诸实践。2021年，大学毕业的顾永豪回到父亲经营的合作社，开启了属于他的农业"科技革命"，从养兔子到种稻米，从自动化养殖到数字农业，改造无人农机、打造全自动育秧工厂。同时，也做起农文旅结合，开展劳动教育、做农场观光旅游、开农家乐，推动三产融合，不断深入探索农业产业创新发展。

从校园到田野的蜕变

顾永豪记事起，家里就是养兔子的。"小时候条件艰苦，兔子窝非常简陋，几乎每天都能看到爷爷和爸爸在手工清理兔粪，那种味道到现在还记得。""酸爽"，顾永豪用这样一个词形容，这让年幼的他对传统农业有了一些抵触。

幼时,他常跟着父亲去卖兔子。"那时候我父亲骑着自行车,后座左右放两个铁笼装兔子,就这样来回一趟要三个小时,非常辛苦。"后来到了上学的年纪,顾永豪去镇里读书,尽管节假日还会回到家乡,也会到合作社帮着父亲做一些事情,但那时的他还未曾有过投身农业的想法。

随着家乡新叶村发生翻天覆地的变化,原来破旧的自然村落变成了整洁的集中化小区,新增的耕地面积让乡村焕发出新的生机。顾永豪过去对于农村、农业的传统印象发生转变,他不再觉得干农业是一件让自己抵触的事情,反而对未来的农业和农村充满期待。而随着父母年龄的增长,合作社的工作也需要更多年轻血液的注入,在父亲的鼓励下,他下定决心回到农村,从头开始,在合作社学习成为一名新农人。

2020年,意外地成为顾永豪人生的重要转折点。当时还是大学生的他,因为在家上网课,这段居家时光为他打开了一扇通往农业世界的大门。"只要不上课,我都是在合作社里,从最基础的开始学起。"顾永豪回忆。那些日子里,他跟着合作社里的50后、60后、70后们一起劳作,熟悉合作社的生产操作流程。他虚心请教,认真学习,不仅增长了许多农业知识,也拓宽了自己的思维。同时,他还积极参加各类新型职业农民的学习培训,不断提升自己。

这段经历,让顾永豪对农业有了全新的认识。他意识到,传统农业虽然有着悠久的历史和丰富的经验，但在新时代，只有结合现代科技和创新思维，才能焕发出新的活力。于是，他暗暗下定决心，要把自己所学的新知识和新技术运用到合作社的农业生产中。

"合作社员工大部分年纪都比较大，他们做事中规中矩，主要是求稳。我就不一样，不仅跟他们学习，我还希望把自己的想法和一些新技术运用到合作社的农业生产上。"2021年夏天，大学毕业的顾永豪回到合作社，在乡村田野间挥洒自己的汗水，运用自己的智慧。

用科技点亮农业的未来

如今，合作社处处都有顾永豪积极拥抱农业科技的成果。在办公室，一块块屏幕组成实时监控系统，包括兔子养殖场、稻田、蔬菜温室在内的各个角落都一览无余。在与铁塔公司和通信公司合作搭建这套系统时，他也积极参与和出谋划策。现在，点点鼠标就能实时监测每只兔子、每块稻田、每棵蔬菜的生长状况，发现问题也能更及时地解决。

合作社的兔子养殖场内干净整洁，没有明显的异味，环境较之过去有了明显的改善。智能系统将兔舍内的温度和湿度时刻保持在最适合兔子生长的状态。兔舍一角，两台机器人正在待命。"我记得以前养兔子，每天都要半夜三更或者凌晨起来喂兔子，非常辛苦。现在有了机器人，设定好时间，机械臂就能自动抓取饲料，进入兔舍喂食兔子，全程不需人工介入，准时高效。"

兔粪清理在过去是一个难题，而现在，养殖过程中产生的兔粪会由兔笼下方的传送带，直接传送至发酵场地，经过发酵处理后的兔粪成为水稻种植的优质天然有机肥。控制室内，顾永豪鼠标一点，就能看到兔粪处理场的情况，过去手工清理兔粪的场景成为历史。

当下，兔子养殖已成为合作社生态循环农业的重要一环。兔粪养殖蚯蚓、蚯蚓粪作有机肥料浇灌水稻、水稻收割后种植苜蓿草、苜蓿草喂兔子，每一步都彰显着自然循环的智慧。合作社基地内的500亩水稻全部施用兔粪有机肥，生产出的大米更优质，因此也被称为"兔稻米"。这种"种养结合"的模式促进了合作社自身生态循环农业发展，不仅有效减少了污染物的排放，更提升了经济效益。

2024年，顾永豪在合作社里打造了一座现代化自动育秧工厂。一眼望去，看到的是由四条机械臂、一条流水线、一台洗盘机、

座右铭
〉〉〉〉〉〉〉

> 在有限的土地上创造无限的价值,让农业成为大家向往的行业。

一台水稻自动加种机和八台多层循环运动式育秧设备组成的复杂系统。每台育秧设备高 5.5 米,共 10 层,仅一台设备单次就可育秧 1500 盘,足够覆盖 500 多亩水稻田。"目前合作社稻田约 500 亩,只需一次育秧即可全部完成。"顾永豪说。经过一年多的摸索,他对于育秧工厂的流水线速率、内部温度湿度、灯光数据的调节以及机械臂的调试都更为精准、娴熟。"育秧周期缩短后,合作社每年能服务的水稻面积也能够增加到 3000 亩左右,这样就能为更多农户提供育秧服务。"

拓展融合让农业更有价值

经过几年的工作学习,顾永豪逐渐领悟到,现代农业的本质在于现代生产要素的运用,而非简单追求规模。这些生产要素不仅涵盖智能化系统等硬件设施，还包括农业营销策略和农文旅融合发展等软实力。

他打造出一个集农产品展示、体验、会务、餐饮于一体的农业展示平台，将农场变成大型农业科普基地，与学校合作，开展农耕体验活动，培养新青年对农业的理解和信心。不仅提供研学、文旅、餐饮和农家乐等多元化服务，还能通过这些服务所带来的收益，反哺农业生产和农场的现代化改造，从而形成完整的产业链闭环，创造出更为丰富的价值。

在原先的育秧温室，抬头看去，是培育在"空中"的草莓，中间的操作台种植各类多肉植物，底下铺设着稻草，生长着一颗颗大球盖菇，让前来参观学习的学生们大开眼界，感叹现代农业在科技赋能下的可能性之多。"他们头顶上是空中草莓培养基，这样的设施让孩子们在亲身参与中感受到农业科技的魅力。"顾永豪希望通过他们的努力，吸引更多青年关注农业，了解农业，热爱农业，为农业的发展注入源源不断的青春动力。

灵感源于他高中时的学农经历。"那时候在烈日下汗流浃背，回家后我就想，这哪里是学农，分明是自找苦吃。既然有更轻松的技术可选，为何要向学生灌输'农业即吃苦'的观念？这样谁还愿意投身农业？"

"我们想让小朋友看到，农业也可以科技满满，由此建立对现代农业的概念，在他们心中播撒农业的种子。"顾永豪说，"家长可以带着孩子前来喂兔子、采摘蔬菜、水果，我们也与许多学校合作，让学生们来这里体验农耕劳作，了解农业生产。"在小朋友面前，他是亲切的"兔子哥哥"，为他们讲解各类农业知识，继而在他们心中埋下一颗从事绿色农业的种子。将来，这颗种子也许会开出一朵朵绚烂的花朵。

合作社还投资建造了"田园里"餐厅，除了自家合作社的兔子、稻米、蔬菜等，周边农户生产的其他各类绿色农产品也会在餐厅中销售。"游客在这里，能够吃到各种当地新鲜、优质食材做成的美食，比如以合作社生产的稻米为原料做成的传统米糕，还能体验到烤全兔和庄行羊肉等美味。"

顾永豪是幸运的，乡村振兴让家乡面貌焕然一新，也让他对农业产业的未来充满希望。年轻就是最大的资本，在自己的家乡，在沪郊乡村热土上，他不断探索农业新业态，努力实现一个00后新农人的乡野愿望。"我想把我的所思所学更好地应用在农业上，吸引更多像我一样的年轻人投身到新型职业农民的行列，在农村土地上创造更多价值。"顾永豪说出自己的愿景时，青涩的脸庞充满自豪和期待。

文：陈祈

钱雷：

用"翼枭"在乡村天空书写科技新篇章

在奉贤区南桥镇江海村，没有林立的高楼大厦，没有喧嚣的车水马龙，只有如诗如画的田园风光。这片看似宁静的土地上，藏着一家科技企业——上海翼枭航空科技有限公司。

如今，企业负责人钱雷正和他的团队一起，用无人机编织着乡村振兴的美好未来画卷。他的故事，是乡村振兴浪潮中科技力量的生动写照，也是无数创业者用智慧和汗水在乡村大地上书写的时代篇章。

科技的翅膀在乡村上空翱翔

2018年对于钱雷来说，是人生的一个重要转折点。那一年，他带着15年的工作经历与丰富的社会经验，站在了人生的十字路口。在"大众创业、万众创新"的浪潮下，他想着自己是不是也可以做点不一样的事情。

"我一直对科技充满了热情，尤其是无人机技术。"钱雷回忆道，"当时无人机还只是一个小众领域，很多人觉得它只是用来拍拍照片、录录视频的玩具。但我看到了它的潜力，我相信它能改变很多东西。"

于是，钱雷注册成立了上海翼枭航空科技有限公司，聚焦无人机应用服务。他给公司取名"翼枭"。"'翼'代表飞机的机翼，'枭'指枭雄，我希望翼枭能成为上海无人机行业的领头羊。"钱雷笑着说，他的眼神里充满了坚定和自信。

经过几年的摸索和布局，翼枭科技逐渐在上海无人机市场站稳了脚跟。公司的服务涉及公安、消防、农业、城运等多个场景，推动低空经济进入各行各业，为社会发展提供了强大助力。"中国的无人机技术领先全球，但在具体应用中，仍需与客户的实际需求进行个性化匹配，我们的服务就是对接二者的桥梁。"钱雷表示。

2020年，江海村的总部经济项目"江海蜂巢"以崭新的面貌面向世人，同时进行招商。彼时，钱雷正要寻找一处更适合无人机试飞的场地。"之前我们公司在科技园区，试飞无人机还要四处找专门的场地，经常不得不借用学校操场等。"钱雷说，乡村有足够开阔的场地，尤其是一望无际的田野，正好适合无人机的各项场景应用试验。

经过翻建整修的"江海蜂巢"不仅变得宽敞开阔，而且基础设施齐全，既有乡村风貌，又不失城市的便利，是钱雷心目中理想的企业办公和无人机试飞、技术应用试验场所，于是双方一拍即合，钱雷就将公司搬到了江海村，成为首批落地于此的企业。

事实证明，对于翼枭和江海村，这是一次双赢的决定。翼枭科技的无人机成为乡村治理的好帮手，被运用在治安巡逻、河道治理等多个应用场景中。以数字建模、无人机巡查等方式，翼枭帮助江海实现了数字化、精细化治理，克服了以往乡村治

座右铭
》》》》》》》

" 低空新农民,城市好管家,乡村好帮手。"

理中只能靠监控探头和巡逻人员的局限性。有了数字科技赋能后,江海村的村庄治理变得更智能、精细、规范了,治理效能得到了进一步提升。公司也得到了村里的不少帮助,发展一步一个台阶,双方共同进步、共同成长,切实地为社会治理、乡村振兴作出贡献。

除了助力乡村治理,钱雷和他的团队还在探索无人机在乡村生活中的全新应用场景。在江海村核心区域,有一个名为鹿营·空岛露营的乡村旅游项目,坐落在一座湖面环绕的人工岛上,岛屿中心开设着一家餐厅,而沿湖四周布置着多个亲水平台。翼枭在这里打造独特的无人机送餐服务。

"想象一下,你在亲水平台上享受着阳光和微风,扫码点餐后,一架无人机从湖心餐厅起飞,几分钟后就把美食送到你的面前。这不仅是一种全新的用餐体验,更是对无人机物流运用的探索测试。"钱雷兴奋地说。

目前,这个项目已成为上海首个无人机送餐到桌前的餐饮项目。但钱雷的野心不止于此,他还计划将配送区域延伸到周边农村,解决附近村民点外卖难的痛点问题。"远郊农村地区普遍存在快递、外卖运力不足的情况,而无人机直送在这一情况下就极具吸引力。"钱雷说,"如果这一尝试得到成功验证,将成为能够惠及偏远地区经济,提高当地群众生活品质的有效方案。"

"我们还在探索无人机在农业生产中的应用。比如用无人机进行农田监测、病虫害防治等,提高农业生产效率,降低农民的劳动强度。"站在江海村的田野上,钱雷眺望远方,眼中满是对未来农业的憧憬,"未来农业的方向是智能化、自动化,无人机将在农田监测、播种、施肥、收割等环节发挥重要作用。我们正和一些农业专家合作,研究如何将无人机技术更好地应用到农业生产中。"

"我们还计划建立一个农业大数据平台,通过无人机收集的数据,为农民提供精准的农业生产建议。比如根据土壤湿度、温度、养分等数据,告诉农民什么时候该浇水、施肥,种植什么作物最合适等。"钱雷表示,"目标是让农民从繁重的体力劳动中解放出来,让他们能够更加科学、高效地进行农业生产。"

用科技服务乡村、回馈乡村

钱雷是土生土长的奉贤人,对这片土地有着深厚的感情,他扎根家乡,回馈家乡,用科技为奉贤的乡村振兴注入新的活力。

在江海村,翼枭不仅是一家科技企业,更是村民们的伙伴。"我们和村民的关系非常好,就像一家人,我们经常和他们交流,了解他们的需求和想法。"钱雷回忆,"有一次,我们为村里安装了一套数字村居系统,当时很多村民都围过来看,他们说你们这些年轻人真厉害,以后我们在村里就安全多了。那一刻我感到非常自豪。"

公司还时常举办一些科技培训活动,教村民们如何使用智能手机、电脑等设备。钱雷说:"我们希望用技术真正帮助他们提高生活质量,让他们过上更好的生活。"

2020年,钱雷被评为奉贤区优秀科技工作者,2021年获得了上海市社会主义精神文明好人好事提名,2022年被评为"新时代上海闪光青年",2024年顺利获评高级职称……"这些对我来说既是鼓励和肯定,也是鞭策,让我更加坚定信念,更有信心继续在乡村的土地上,用科技创造更多的可能性。"

在工作与创业的同时,钱雷还积极接受继续教育。他曾赴知名高等院校进修企业管理和国际商务,未来还想继续进修最新的信息技术。"我希望能不断提升,让自己更上一层楼,更好地为乡村服务。"

钱雷和他的团队不仅在乡村实践着科技的力量,还希望通过自己的故事,让更多人了解科技在乡村振兴中的重要作用。"我们经常参加一些科技展会和活动,向人们展示我们的技术和产品,让更多人看到科技在乡村中的应用前景。"

翼枭还和一些学校合作,开展科技教育活动,让孩子们从小就了解科技,培养他们的兴趣和创新能力。"希望通过我们的努力,让更多年轻人了解科技的力量并参与到乡村振兴中来。"钱雷说,"乡村的未来一定会更加美好,我们的努力,就是用科技让乡村成为一个充满活力、充满希望的地方。"

在参与乡村振兴的道路上,钱雷和他的团队满怀希望,同时也面对许多挑战。"最大的挑战就是人才短缺。"乡村地区相对城市来说,吸引力不够,很多人才更愿意去城市工作,这就导致企业在招聘人才时遇到了很大的困难。"但我们没有放弃,而是通过各种方式吸引人才,比如提供良好的工作环境和发展机会,举办人才招聘会等。"钱雷说,翼枭还和一些高校合作,建立实习基地,吸引学生来实习,"希望通过这些方式,让更多人才了解乡村,了解我们的事业"。

"另一个挑战是资金问题。"科技研发需要大量的资金投入,而乡村地区的融资渠道相对有限。"但我们始终坚持，通过各种方式筹集资金，比如申请政府补贴、寻找合作伙伴等。"

"乡村振兴需要科技的力量，科技能够提高农业生产效率，改善乡村治理水平，提升乡村生活质量。"钱雷表示，"我们希望通过我们的努力，让更多人看到科技在乡村振兴中的重要作用。"钱雷始终相信，科技的力量能够让乡村变得更加美好，他期待着那一天的到来，也正在为之不懈努力。

在乡村的天空上，翼枭科技的无人机正翱翔着，它们带着科技的力量，带着乡村振兴的希望，飞向远方。钱雷的故事，是上海乡村振兴浪潮中的一个缩影，在沪郊广袤的乡村大地上，还有无数像他们一样的创业者，用科技为乡村注入新的活力。

文：陈祈

涂德露：

"这里是我'生根发芽'的地方，
我要把它做好做强！"

当沪郊樱桃番茄采摘季来临，位于宝山区毛家弄村的上海安硕蔬果专业合作社里一片繁忙景象。合作社理事长涂德露和基地的农民一起，忙着将刚从大棚里新鲜采摘的樱桃番茄分拣包装，装入礼盒，尽快送到预订的客户手中，让客户品尝到樱桃番茄最"鲜"口感。

自从在合作社尝试种植樱桃番茄，同步开放休闲采摘，涂德露的农场在宝山及周边地区已小有名气。不仅能在双休日吸引不少周边市民上门采摘，还收获了稳定的社区团购，让这里的番茄销路不愁，也坚定了他继续发展精品农业的决心。

近年来，涂德露不仅全力以赴，通过优化品种、提高技术，确保绿叶菜核心基地种植亩数的同时还在不断尝试探索农旅融合的新业态。通过休闲采摘与团建项目结合，让农业产业迸发出更大活力。

从业十多年以来，他带领合作社收获了不少成长与荣誉。近年来，他荣获上海市农民工先进个人、第三届上海市农村创业创新大赛优胜奖，2021—2022年度宝山好人等，种植的绿叶菜荣获2020年上海绿色生产优质地产叶菜品鉴会空心菜组最佳品质奖。

"一张白纸"的逆袭路

回忆起自己的从业路,涂德露认为,这既是偶然,冥冥中又是必然。

2010年那年,涂德露还在大学里学习金融专业。"闲暇时常常会想,自己毕业以后会找一份怎么样的工作?收入如何?"就在他对未来感到迷茫时,从事了大半辈子农业的父亲突然问他:"我把合作社交给你做,你有没有兴趣?"当时涂德露的父亲刚成立了金硕合作社。虽然对农业有丰富经验,但由于不熟悉数字化软件,他的父亲逐渐感觉管理合作社越来越吃力。

虽然对农业一无所知,涂德露却并没有犹豫太久,很快就做出了回家接手合作社的决定。

在涂德露看来,自己从小到大都看着父亲在农场里劳作,经营农业将自己养大。做好这个行业似乎并不会太困难。

当看到周边其他合作社依靠定点配送，成功拓宽蔬菜销售渠道，涂德露也决心做蔬菜生产配送。毫无经验的他，在还没找到客户的情况下，就草率投入买货车等大笔资金。之后，虽好不容易有了客源，但又因为自己对蔬菜市场行情不了解，盲目答应了对方多品类、一月一定价的要求，最终导致亏损。

刚接手就栽了跟头，不服输的涂德露很快调整好心态，决心从头再来。总结了失败原因后，他开始日夜奔波蔬菜批发市场，蹲点了解蔬菜定价与市场行情波动的规律，并逐渐找到了合作社发展的新路径：做好绿叶菜小品种的特色开发，掌握反季绿叶菜的种植技术，提高农场叶菜种植水平与竞争力。

经过长时间对多个品类绿叶菜的试种比较，他带领合作社技术人员筛选出了适宜在夏季高温天种植的荠菜以及口感优质的其他绿叶菜品种，同时加强田间管理，确保夏淡、冬淡绿叶菜供给不间断、品质不下降。这一策略迅速打开了市场，金硕合作社不仅扭亏为盈，还获得了消费市场的认可。

从"机器换人"到樱桃番茄拓销路

金硕打响品牌后，涂德露开始谋求进一步发展。

2018年，他在宝山区农业农村委的推荐下，来到罗店镇毛家弄村，承包了435亩土地，成立了安硕蔬果专业合作社。这里的菜田面积更大,能满足他"机器换人"的新技术尝试。他出资50万元,将过去20多年未修缮的破旧平房,按照蔬菜标准化生产经营需要,一步一步改造建设。"合作社就像是我自己的孩子一样,从改造开始,每一件事我都亲力亲为,一砖一瓦都投入了我的心血,看着这里点点滴滴的变化,觉得很有成就感,也很开心。"他还注册了"食季安蔬"牌商标,打算通过自己的用心,打响合作社蔬菜品牌。此后合作社还创建了上海市蔬菜标准园,通过了农产品GAP认证,并借着毛家弄村乡村振兴的东风,逐步提升合作社硬件设施,引入了水肥一体化、生物活水机、连栋设施棚等现代化设施设备。

如今,只需要在设施大棚外按几下操作平台上的按钮,就可以轻松控制大棚外塑料膜的开合,调节棚内温度和通风,十分省力。同时,他还出资购买了不少农机,实现了绿叶菜生产除采摘环节外的"机器换人"。

2023年底,随着设施不断提升,他决心向精品农业的方向发展。在看到广帮菜的市场潜力后,他将合作社绿叶菜品种调整为以广帮菜为主的广东菜心、茼蒿、米苋、青菜等品种,聘请专业的广帮菜种植技术人员,做好菜田管理。

设施菜田面积也做了精简,目前合作社可种面积约为180亩。"与其做大,不如做好做强。"

在看到观光采摘的发展潜力后,他开始尝试种植受市场欢迎的樱桃番茄。经过几轮品种测试,他选定了"龙珠""浙樱粉""青霞66"等品种，并通过与上海市农业科学院合作提高樱桃番茄种植水平，提升产品品质。与此同时，他还引入第三方农文旅融合的团建项目来提升采摘乐趣，收获了不少来自周边社区的稳定客户。与此同时，他还尝试种植了少量的鲜食玉米，也很快受到了消费市场的认可。

由于前些年保障社区绿叶菜供应，涂德露攒下了不少社区团购资源，这也为进一步拓展绿叶菜与樱桃番茄的销路打下了基础。"我们的樱桃番茄不愁卖，基本是通过线下采摘与团购，以最新鲜的状态直接送到周围居民手里，积累了不少口碑。"

在多次培训中稳步向前

"我比父辈幸运，赶上了乡村振兴的好时代。"涂德露感慨，

座右铭
》》》》》》》

"
农业，好吃又好玩。
"

随着示范村创建,合作社所在的毛家弄村环境越来越好,也为他发展观光采摘提供了客流。2022年,他还入选上海市乡村产业振兴"头雁"培育项目,赴浙江大学学习农业管理。课堂上,他第一次系统接触"农旅融合""品牌IP"等概念,与全国同行共同探讨农业未来,畅想农文旅融合的无限可能,在交流中碰撞出不少火花。

回到宝山,他将理论付诸实践。种好樱桃番茄的同时,安硕的"田园课堂"项目也在去年悄然上线。通过与宝山社区治理学校合作,2024年,安硕合作社累计举办了十多场农旅结合的优质团建活动。今年,樱桃番茄采摘刚开始不到半个月,他的"田园课堂"就吸引了600多人参加。"这让我看到了农文旅融合的潜力。"

回忆起自己一路走来几次关键性的转变,涂德露说,这一切都得益于政府支持,是市农业农村委相关单位组织的一次又一次的培训,让他可以"走出去",看到更广阔的天地。

在他看来,自己的创业生涯中有四场极为重要的培训,让他受益匪浅。

第一次,是2016年的青年农场主培训,海量的农业技术指导让他得到了"技"的提升,从一个"农业小白"逐步成长为懂技术、懂政策,对农业发展有明确方向认知的"农场主";第二次是农业经理人培训,让他从懂技术晋升至懂管理;第三次是2019年,他有幸入选了"菁鹰"培养计划,初次接触到了"三产融合"的理念，通过听老师分析案例，和同学交流各自产业发展，获得了"术"的探索；第四次便是参加"头雁"培训，真正让他了解到了什么是农旅结合，了解企业的管理之道，得到了"道"的提升。"在参加头雁培训的时候，其实农业技术方面的知识，我们基本掌握得很透彻了。但如何在农业基础上尝试更多新东西？是在这次培训中打开了我的思路。"

涂德露说，相比于老一辈农民，只会在自己的一亩三分地苦苦经营，新一代的农人在政府的帮助下，有了更多学习与交流的机会。正是因为在培训中，真实看到了"机器换人"的实用性，看到了智能机械化的应用场景，自己才会有勇气投入资金，有拥抱新技术、新品种的勇气。

谈及未来计划，涂德露踌躇满志，他打算扩大鲜食玉米的种植面积，同时还打算尝试种植观赏性南瓜，进一步做好农文旅结合的探索。他还考虑与第三方合作，以直播方式扩大销售渠道，打响农产品品牌。"离成功还早，我还在农业这条路上继续探索。"涂德露说，他并不满足于现状，虽然并不打算将基地做大，但必须不断精进向好，"这里是我'生根发芽'的地方，我要继续把它做好做强，当好区里的行业'领头雁'。"

文：施飔赟

黄伟：

我要在上海，
种中国最好的桃子

"我要在上海,种中国最好的桃子!"

"品质至上是现代农业的灵魂,也是我追求的最高境界。"

"将来我想做成一个产业联盟,相当于我做日本农协这个活,提供品种、提供技术,按标准回购产品,统一销售。"

哈玛匠是一处果园

位于青西金泽三塘村的这一片桃园面积不大,70来亩。大门掩映在桃林中,不易察觉。走进园内,别有洞天,整洁异常。

哈玛匠果园主人黄伟介绍,眼下哈玛匠果园主栽的是桃子,有70多个品种,除此之外,还有30个葡萄品种、3个生梨品种和1个极品"太秋"柿子,目前园内所有的品种都引自日本。

黄伟在日本工作了25年,无论是举手投足、生活习惯还是园区管理,都有一种日式风格。

"我要在上海,种中国最好的桃子!"这是黄伟的初心。

十余年不间断的耕耘,为他迎来了收获。

哈玛匠是一份情怀

十余年前,黄伟的一位好友,日本桃子主产区——山梨县资深果农有贺浩一提议黄伟想办法缩小中日桃子品质差距,在上海种出最好的桃子。

正是为了实现这个心愿，黄伟放弃了日本化妆品网上销售，在青浦区承包了土地，把从日本带回来的七八个品种桃树种了下去。

每年冬天，有贺浩一都来上海，给黄伟剪枝传艺；每个生长季节，他都会打电话告诉黄伟该做什么事情。同时，有贺浩一还给黄伟引见了国内顶尖的桃专家，包括国家桃产业技术体系首席科学家姜全、上海市农业科学院林木果树研究所研究员叶正文等。

黄伟说他当时啥也不懂，十年磨一剑，他和员工每年都会去日本学习种桃。功夫不负有心人，眼下哈玛匠果园的生产水平达到了日本山梨县的八九成，黄伟也完成了从一个农业小白到种桃达人的逆袭。

种桃十余年间，黄伟始终秉持了生态循环的理念。日本果园环境保护做得十分到位，给黄伟留下了深刻印象。黄伟将生态环境保护贯穿果园建设的始终。

建园之初，黄伟对果园进行了彻底清洁，用小推车运走的塑

料瓶、塑料袋等垃圾就有1000多车。在这里，员工的第一要求就是不能乱扔垃圾，连烟蒂都要包好扔进垃圾箱内。

黄伟说，上海乡村生态好，对果园来说，鸟多必成隐患。黄伟便采用了防鸟网等装备，有效提高了果品产量和质量，把精细管理化提高到一个新的层次。

黄伟说日本的农产品只有商品和垃圾。品质至上是现代农业的灵魂，也是他追求的最高境界。

这几年，哈玛匠果园主打的水蜜桃深受市民喜爱，在本市高端餐饮店一个卖到88元，售价不菲，却仍然"一桃难求"。

黄伟介绍，能卖出高价的原因，在于种植的模式和营销的渠道，更重要的是它有严格的分类标准，并通过这种标准将产后处理的价值在消费端得到呈现。

据悉，黄伟把收获的桃子分成三个等级，T（特）级、A级和B级。其中，T（特）级要求单果重350克以上，早熟品种的糖度要求14%以上，晚熟品种的糖度要求17%以上。

哈玛匠是一片匠心

十余年间，黄伟把种桃的事"一根筋"地做到了极致。他分享了种桃的"窍门"：

稀植。哈玛匠果园一个特别的做法是稀植，较宽株距让根系

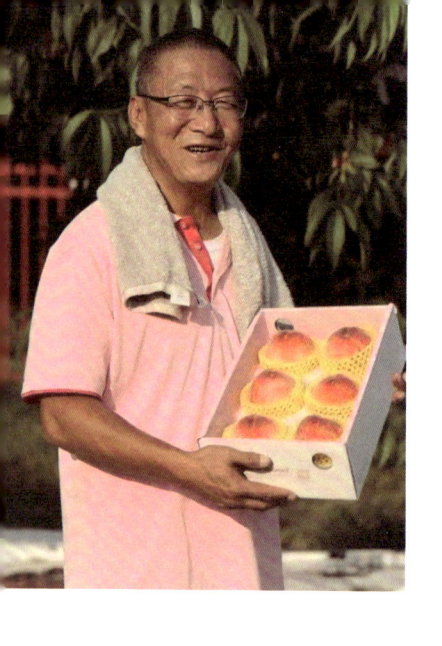

座右铭
》》》》》》》

" 好的土壤才能种出好的水果。"

不相交,保证植株充分吸收阳光、水分和矿物质。桃树间距为 7 米,而一般果园只有三四米。

改土。青浦的土壤黏性重,黄伟采用打洞改良的方式,每年在桃树的滴水线附近打 8 个孔径 30 厘米、深度 60 厘米的洞,下面先垫 10~20 厘米的黄沙,然后把有机肥和挖出来的土混合再埋进去。

施肥。哈玛匠果园将茶饮料厂的茶叶残渣、园林中枯死树木经过加工成有机肥料施用。还有就是选用内蒙古的羊粪。

除草。哈玛匠果园坚决不用除草剂,全部采用机器割草。

塑形。黄伟说,以前的树形侧重产量,不大关注质量,树体是直立向上,往上延伸的,所以往往是上面的桃子品质好,下面因为晒不到阳光,基本就没有好桃子。哈玛匠果园统一采用"水平棚架种植模式"，应用新型的"两主枝开心形"塑形技术，用吊杆吊着桃树，侧枝用竹竿绑成水平，让阳光均衡照射、树体营养均衡分配，从而保证从上到下的桃子糖度一样、品质一致。

着色。哈玛匠果园采用日本进口的可脱式套袋，在果皮开始泛白的时候扯下下截果袋，将可移动的反光膜铺设在树冠四周，待3~4天桃子完全着色之后撤除反光膜，这样可以最大程度地保证桃子外观着色的均匀度和鲜艳度。

育种。黄伟经常邀请有贺浩一到果园指导，共同开展果树育种工作，争取早日育出有自主知识产权的桃子新品种。

黄伟表示，在上海地区种好桃必须要过两关：一是品种关。哈玛匠果园现在种植了70多个桃树品种，最早5月18日就能成熟，最晚10月8日成熟，桃子供应期明显拉长。二是流胶关。流胶是影响桃树寿命的关键。哈玛匠果园采取砧木嫁接和开沟高畦的办法很好地解决了这一难题。目前哈玛匠果园早桃产量可达3000斤，晚桃产量可达4000斤，桃树的寿命也普遍延长至30年。

哈玛匠是一种追求

在进园区的第一排桃树前，竖着一块明晃晃的招牌，上面写着哈玛匠果园的六大"坚持"：坚持不使用化肥、坚持施有机肥、坚持土壤改良、坚持不用除草剂、坚持杜绝白色垃圾、坚持公园的理念。

回首十余年创业路，黄伟感慨万分，在上海地区种出最好吃的桃子，这是他的初心。

这些年，哈玛匠果园接待了来自全国各地 5000 多人次的来访者，每次黄伟都无私传授技艺。他还数十次应邀为长三角桃农传经送宝，让更多人参与这项事业，种出更多更好的桃子。他兑现了自己的诺言，将桃子种植的上海模式推广到浙江、安徽等全国 23 个省市地区。当传统桃种植还困于采摘周期仅 20 天的瓶颈中时，哈玛匠果园已悄然完成了从"田间实验室"到"产业路由器"的蜕变——这里不仅种出高品质的专利水蜜桃，在上海市农业科学院支持下，更以科技创新为支点，将桃子采摘周期拉长到 100 余天，撬动了一条覆盖技术输出、标准制定、农户赋能、三产融合的现代农业产业链。

黄伟说，日本农业做得好，得益于他们的农协，农协负责市场调查、技术方案、产品分析和销售。果农只要专心搞好生产，保证品质就可以了。"将来我想做成一个产业联盟，相当于我做日本农协这个活，提供品种、提供技术，按标准回购产品，统一销售。"

这些年，区、镇两级政府十分支持黄伟扩大果园规模，哈玛匠果园在原有 60 亩的基础上又新建了两片桃园。

未来，黄伟对哈玛匠果园的追求是既有好吃的又有好看的，设想通过发展观赏桃花、举办采摘体验、开展新品品尝等多种形式，积聚人气，提高名气，吸引高端消费群体。

同时，果园还计划通过认养果树的方式，培养长期消费群体，提高消费黏度。市民可以花钱买断整棵桃树，自己种、自己管、自己采，果园提供技术指导，也可以委托果园管理、寄送桃子。

为助力乡村振兴工作，在青浦区支持下，果园正在继续推动"金柿"计划，将培育多年的柿子品种推广到千百个农户的宅前屋后，带动农民增收。据悉，哈玛匠果园计划 2~3 年内在青浦区种植 5 万棵柿子树。

"干农业，需要匠心精神和科学理念。"黄伟说，"我愿继续做一名'农业工匠'，带动更多果农增收致富，为果品行业提质升级贡献自己的力量。"

文：方志权

黄春：

一只蟹的"洄游"
与一个时代的回响

在长江入海口的崇明岛上,有一位被称作"蟹王"的传奇人物。他凭一己之力,让曾经养不大的"乌小蟹"蜕变为膏肥黄满、享誉全国的"清水蟹"。他用科技与情怀,将传统农业推向品牌化、文旅化与生态化的新高度。他更以"一只蟹"为支点,撬动了乡村振兴的无限可能。

从蟹苗贩子到产业领军者,上海崇明河蟹发展集团有限公司、上海宝岛蟹业有限公司董事长黄春用三十年光阴,书写了一段"心中有蟹"的"蟹味人生"。

破茧成蝶:从"乌小蟹"到"清水蟹"的逆袭

黄春与蟹的缘分,始于三十年前那个风起云涌的年代。那时,螃蟹在崇明农村只是寻常之物,村民全然不知脚下这片土地竟是中华绒螯蟹的故乡。1994年,28岁的黄春偶然听湖北水产公司的朋友提起:"崇明蟹苗是宝贝,外面一斤能卖三千多!"他心头一震,当即决定要做第一个"吃螃蟹"的人。

那年,黄春摇着小船、冒着风险到长江口捕捞野生蟹苗,再转卖给外地养殖户,赚到了人生第一桶金。1998年,他赴江苏洪泽湖,租下2500亩水面围网养蟹。次年秋天,成蟹起捕时平均规格达到3.2两,投资回报翻了四倍;2000年,他带领20多户乡亲"组团"闯荡洪泽湖开发岛外养蟹,第二年秋天,1.5万亩水面围捕成蟹17.5万公斤,成蟹平均规格达到3.5两。此后的黄春愈发大胆,他在湖南白泥湖投下340万只豆蟹,秋捕时收获大规格商品蟹5万公斤,实现产值500万元。多年的实战经验,黄春总结出"大水面河蟹养殖技术规程",崇明"蟹王"声名鹊起。

然而,风光背后,黄春始终有个心结:崇明是中华绒螯蟹的发源地,但一直"墙内开花墙外香",籍籍无名的崇明蟹该如何打破这一困局?2009年,在外闯荡多年的黄春决定回乡,"带头走出去,是时候把技术带回来。"

彼时的崇明河蟹养殖仍停留在粗放模式,缺乏科学管理,蟹塘水质浑浊,有的还与家鱼混养,成蟹平均不足3两。为此,黄春选址绿华镇,成立上海宝岛蟹业有限公司,与上海海洋大学、上海水产研究所、华东师范大学等科研院所和高校的专家联合开展技术攻关,建设中华绒螯蟹产业技术体系,花了十年时间选育出国家级良种"江海21"。这场"技术革命"的背后,是黄春在亲本培育、生态繁苗、蟹种培育、成蟹养殖等方面的不懈努力:通过亲本提纯复壮优化基因;创建"人工种草、科学投喂、水质调控"标准化养殖体系,让蟹塘成为"水下森林";精准调控水温与溶氧量,确保螃蟹在最佳环境中生长。2013年,"宝岛"牌崇明清水蟹横空出世,一举斩获全国河蟹大赛"金蟹奖",成为上海首个通过绿色食品认证的蟹品牌。黄春再一次用实力证明:崇明蟹不仅能养大,还能养出"冠军品质"。

绿色革命：技术创新与生态养殖的融合

在黄春眼中，养蟹不仅是产业，更是生态责任。他常说："蟹塘是崇明的'生态细胞'，必须与自然共生。"为此，他带领团队探索出一条"科技赋能、绿色引领"的养殖新路。

在宝岛蟹庄，会看到一幅奇景：蟹塘水面上覆盖着一排排太阳能光伏板。光伏板发电供给园区，同时为蟹塘遮阳降温，夏季水温降低3℃，螃蟹存活率提升20%。这种"渔光互补"模式不仅实现"零碳养殖"，还成为上海新能源与农业融合的示范标杆。"当初装光伏板时，大家都觉得是天方夜谭，我却坚持要试，螃蟹怕热、人怕穷，总得找个两全其美的法子。"如今，这片"光伏蟹塘"年发电量达120万度，足够供应整个养殖基地的用电需求。

随后，黄春又斥资打造智能化管理系统：水质内循环系统实时监测氨氮、pH值，减少污水排放；无人机巡塘替代人工，精准投喂配合饲料；AI病害预警系统提前发现异常，防患于未然。"过去养蟹靠经验，现在靠数据，我们要让每只蟹都活得更科学。"

黄春的低碳养殖模式，也为崇明"世界级生态岛"建设注入活力。蟹塘湿地净化水质，光伏板年发电量超百万度，农业废弃物循环利用……联合国开发计划署专家考察后赞叹："这里展现了农业与生态共生的中国智慧。"站在蟹塘边，黄春指着远处成群

座右铭
》》》》》》》

"
清水育真味，匠心守蟹乡。
"

的白鹭说："你看，它们也爱吃咱的蟹！生态好了，连鸟都成了'质检员'。"

全链突围：从"一产独大"到三产融合

　　黄春深谙，农业单靠一产养殖难抗风险。他提出："要让螃蟹'爬'出塘、'飞'出岛，必须打通全产业链。"

　　螃蟹季节性销售难题，曾让无数蟹农头疼。黄春投资建厂，开发蟹粉、蟹肉罐头等深加工产品。一罐蟹粉需20只蟹的精华，却能让消费者四季尝鲜，产品远销中国香港、美国，年产值超千万元，更带动200余名村民就业。黄春笑称："现在连小规格蟹也成了'香饽饽'。"

2013年，黄春在崇明绿华镇打造"宝岛蟹庄"——一座集养殖、文化、旅游于一体的"蟹主题乐园"。游客可参观蟹文化博物馆，了解从蟹苗到成蟹的蜕变历程；体验亲手投喂的乐趣；品尝全蟹宴上的蟹粉汤圆、橙香蟹粉等创意菜品。蟹庄年接待游客超2万人次，许多"阳澄湖粉丝"在此转投"崇明清水蟹"阵营。

"品牌是产业的灵魂。"黄春严格推行标准化养殖，每只蟹需经过6～7次质检，确保膏黄饱满、无药残。他连续十多年举办"橘黄蟹肥"文化旅游节，借助媒体与电商平台扩大声量。2021年，崇明清水蟹成为中国花博会特许产品，品牌价值突破5亿元。

在黄春的带动下，崇明西部涌现出"小甲弟餐厅""绿港湾蟹宿"等农旅项目。游客住蟹主题民宿、体验捕捞、参与蟹宴烹饪，农业与旅游的融合让土地价值倍增。2023年，崇明清水蟹产业链综合产值突破 10 亿元,带动就业超 5000 人。一位民宿老板感慨:"以前客人来崇明只看湿地,现在都是冲着螃蟹来的,旺季时一房难求。"经过多年努力,目前绿华乃至整个崇明西部地区的农旅产业发展渐趋规范,游客的体验感受显著改善,崇明生态岛的知名度和美誉度也因此得到进一步提升。

振兴密码:一只蟹撬动的乡村巨变

黄春的野心不止于企业盈利。"一人富不算富,全村富才是真的富。"他将养蟹产业变为乡村振兴的"发动机"。

2022 年,崇明正式组建成立上海崇明河蟹发展集团有限公司,黄春出任董事长。集团由宝岛、馨安、惠康、崇东和福岁乐等五家具有一定养殖规模和影响力的企业联合组建而成。通过统一技术规程、统一良种供应、统一投入品使用、统一品牌宣传、统一包装标识、统一品牌销售的"六统一"管理模式,整合了从苗种繁育、扣蟹生产、成蟹养殖到品牌销售的全产业链资源,最大化实现了资源的优化配置和高效利用,成功带动了崇明本地中、小蟹农的发展,昔日外出打工的年轻人纷纷返乡养蟹。

为解决崇明自主河蟹品种的困境,黄春与上海海洋大学等科研院校紧密合作,积极参与具有"大长腿"基因标记的河蟹新品系"崇明 1 号"的研发。"崇明 1 号"具有生长周期短、成蟹规格大、亩均收益高等特点，尤其是在扣蟹阶段便展现出极高的生长潜力和成活率，备受养殖户青睐。近两年，黄春从集团各基地共选育规格5母7公以上的优质河蟹亲本2万多只。"2023年，我们成功繁育了1.2万斤'崇明1号'蟹苗，2024年达到2万斤，2025年有望突破2.5万斤。"

从长江口的蟹苗贩子到"中国蟹王"，黄春的人生恰似一只洄游的中华绒螯蟹——带着故乡的基因远行，又在功成名就时回归反哺。他用自己的故事证明：农业的出路在科技，产业的灵魂在文化，乡村振兴的密码在于人与自然和谐共生。

如今，站在宝岛蟹庄的蟹塘边，黄春依旧穿着雨靴，俯身观察蟹苗的长势。他说："我这一生只做了一件事——让崇明蟹站起来。未来，它们还要'爬'向世界，让上海的优质种源更好地服务全国。"在这片被长江水滋养的土地上，黄春与他的"清水蟹"，正书写着新时代农业转型的壮丽诗篇。

文：欧阳蕾昵

黄震：

当跨界思维
遇见土地情怀

2012年，黄震在崇明中兴镇的基地里收获了人生中第一茬有机种植的蔬菜。谁能想到，这位曾穿梭于陆家嘴写字楼的金融精英，如今正以"新农人"的身份，把农业玩出不少新名堂。

在黄震打造的现代农业图景中，土地与数字技术正发生着奇妙的化学反应。当多数农人还在观望"互联网+"风口时，这位先行者早已架起田间直播间，让网友实时见证蔬菜生长的奇迹；他创新的"云端认养"模式，让都市家庭通过手机就能当上农场主；在他的羊场，白山羊吃着特供"营养餐"，每棵蔬菜从育苗到采收都享受着五星级酒店式的精细管理；而在几十公里外的繁华商圈，黄震更导演着现代都市的田园幻境：购物中心的顶层，刚采摘的罗勒叶直接送入餐厅后厨，化作米其林大厨盘中的一抹翠绿。

盐碱地"攻坚战"

黄震的微信签名"种点田，养小羊"看似质朴，却暗藏着他从都市白领到乡村振兴领路人的蜕变密码。1983年生于上海城区的他，拥有华东政法大学法学学位，曾是金融界的"金领"。2008年，他放弃高薪工作，带着父母来到崇明承包300亩农田。"当时所有人都觉得我疯了"，黄震回忆道，"但金融从业经历让我看到农业的价值洼地——中国要成为农业强国，必须让土地'生金'。"

这个决定源于一次刺痛心灵的见闻：当地农民辛苦种植的花菜由于售价太低，他们宁愿任其烂在地里也不愿采收。黄震意识到，传统农业的低附加值困局必须用现代理念打破。他选择崇明，正是看中其"世界级生态岛"的定位，决心从这里撕开现代农业的突破口。

创业首战，现实便给了黄震当头一棒。中兴镇地处长江入海口，土壤盐碱化较为严重，有专家向他提出了"运土覆盖"方案，他却选择了一条更艰难却可持续的路径：深耕土地、淡水冲洗、有机肥改良。

"盐碱就像资本市场的泡沫，看着吓人，总有办法挤掉。"团队经过日复一日翻地洗盐，转机出现在第三年春天。某日，技术员突然冲进办公室，手里举着一株嫩绿的芽苗："活了！活了！"黄震狂奔到试验田，只见星星点点的绿意刺破灰白的地表。他蹲下身，指尖轻触颤巍巍的嫩芽，整整三年，终将这片不适宜作物生长的土地改造成一片沃土。

2012年，上海万禾农业科技发展有限公司正式宣告成立，万禾有机农场同时开业。获得有机认证后，黄震却给团队泼冷水："达标只是及格线，我们要做的是高品质农产品。"他在育苗车间架起如手术室般的无菌操作台，工人作业前需经过七道消毒程序；他给每株蔬菜建立"病历卡"，记录从播种到采收的287项数据。最严苛的品控在采收环节，某次抽检发现某批次鸡毛菜有0.3厘

米虫孔，黄震当场叫停发货。老员工劝他："欧盟标准都允许5%虫害率！""但我们做的是中国标准，消费者不会因为虫孔达标就觉得好吃。"黄震用工业化思路布局农业，近乎偏执的品控就是为了在任何环境下都能稳定生产高质量农产品。

当AI遇见"咩咩叫"

随着蔬菜种类的不断增加，万禾有机农场种植规模从最初的200亩扩大到2000亩，每天都要购买大量的有机肥料。黄震开始考虑，买来的有机肥料可能存在重金属超标等各种隐患，且购买成本居高不下，最好的解决办法，是自己养羊，用羊粪改良盐碱地后，再为蔬菜施肥，形成自给自足的闭环。

2016年，万禾引进了国外先进的养羊技术，建起长江三角

座右铭
》》》》》》》

" 根植丰年,智牧新生,禾兴万家。"

洲白山羊养殖基地。令黄震没想到的是,引入白山羊的同时却意外开启智慧养殖新篇章。他主导研发的"羊脸识别系统",通过摄像头捕捉羊的面部特征,能监测体温、预警难产,甚至识别流涕等病症。其实,这套"羊脸识别"系统的诞生充满戏剧性。某日黄震视察羊舍,发现技术员正用手机给羊拍照。"在发朋友圈?""不,是在记录生长情况。"说者无心听者有意,几天后,黄震带着人脸识别专家出现在羊圈,当第一只羊的面部特征被AI成功识别时,整个团队欢呼雀跃——他们不知道,这个突发奇想将催生多项国家专利。

某个深夜,值夜班的饲养员被警报声惊醒。监控屏幕上,待产的母羊体温突然升至40.2℃。当饲养员赶到羊舍时,AI系统已自动开启降温模式,兽医随后确诊为急性子宫炎。"再晚半

小时，母羊就没命了。"饲养员摸着智能蓝牙耳标感叹，"这玩意真靠谱！"

2023年，万禾运用胚胎移植技术，通过活体采卵、体外受精、胚胎移植等前沿技术，提升繁殖效率，实现崇明白山羊的快速扩繁，目前胚胎存活率达到70%，处于国际先进水平。2024年9月，第一批42只纯种崇明白山羊通过胚胎移植技术在万禾农场诞生。如今，经过两次扩建，长江三角洲白山羊养殖基地发展为一万头规模的现代化花园式新型高科技白山羊扩繁场，万禾也成为上海唯一拥有有机羊肉认证的企业和国家级种养循环标准示范单位。

在万禾的生态闭环中，废弃物都是"放错位置的资源"：蔬菜尾菜加工成羊饲料，羊粪经蚯蚓分解变成顶级有机肥，板蓝根替代抗生素增强羊群免疫力，甚至羊舍屋顶的太阳能板都在创造清洁能源。

把农场搬进商场

2018年平安夜，上海长宁来福士广场惊现奇幻场景：白领们在商场露台收割生菜，孩子们喂着投影技术生成的"数字山羊"，米其林主厨在玻璃厨房里烹制刚从崇明运来的羊排。这个名为"都市农场"的体验空间，开业首月就卖出2000份"自己种的沙拉"。

"我们要打破'田间—餐桌'的物理界限。"黄震指着AR种植墙解释，"扫码认领虚拟菜园，通过5G网络实时查看作物长势，让人们在新的消费空间中体验到高附加值农产品的意义。"

黄震介绍说，他在崇明的2000亩农场，用了足足3年多才做到2000万元年销售额，而这个2000平方米的都市农场，仅用1年就做到了。店内卖得最火的南瓜藜麦色拉售价48元，节假日一天可卖掉200多份。

"都市农场是将农场搬入商场，现在我想将商场再搬入农场。依托乡村振兴建设，可以打造两个特色的农村商场——羊村和鸟村，吸引市区消费者到崇明来。结合市区咖啡店等商业形态，打造完整的休闲业链条，再开发文创产品，讲好崇明的食羊和观鸟故事。"黄震说。

在万禾的财务报表上,农业收入仅占35%,其余来自深加工、文旅、碳交易等衍生领域。2023年,黄震完成全国首笔"蔬菜碳汇"交易:通过秸秆碳封存技术,每吨蔬菜可中和1.2吨二氧化碳。日本某商社以每吨200欧元的价格,包销了三年期的碳汇额度。

昔日撂荒地变成"数字农场",远处,无人驾驶插秧机在稻田画出规整的绿色矩阵,近处,"00后"技术员们正在调试最新的植物工厂模型。黄震掏出手机拍下这场景,配文发在朋友圈:"这是我们写给大地的情书。"夕阳把盐碱地染成金色,而黄震的故事,恰似一粒破土而出的种子——当跨界思维遇见土地情怀,乡村振兴的征途上,处处都是希望的绿洲。

文:欧阳蕾昵

龚雨欣：

"95后"女孩
打造雉鸡田园综合业态，
以创新思维唤醒乡村活力

在乡村振兴的浪潮中，越来越多的年轻力量投身其中，用创新思维和专业技能为传统乡村注入新的活力。"95后"女孩龚雨欣便是其中的佼佼者。她曾留学澳大利亚，就职于国际奢侈品品牌，却选择回到家乡奉贤，一头扎进农业产业。她凭借敏锐的市场洞察力和勇于创新的精神，为家乡的雉鸡产业注入了新的活力，也为乡村振兴探索出了一条独具特色的道路。她的故事，是青春与乡村的美丽邂逅，更是新时代年轻人对乡村的深情告白。

"95后"为雉鸡产业注入新活力

龚雨欣曾在澳大利亚留学，学习市场营销，毕业后又在一家国际奢侈品品牌企业工作。2022年，龚雨欣回到家乡奉贤，成为上海红艳山鸡孵化专业合作社市场部门负责人。那时，她在合作社经历了两个多月紧张而充实的集训式生活，吃住在办公室，安排销售行程和出货计划，全身心地投入各项事务中。

尽管忙碌，但那段高强度工作的日子让龚雨欣感触颇深，让她有机会对合作社进行更深入的观察和了解，使她对农业产业和农村发展有了更为全面的认识。在她看来，回到家乡工作不失为一个好选择，"尽管在跨国企业工作听起来很'高大上'，但就我个人而言，更多是像一枚螺丝钉，只能做职责内的工作。而现在需要负责方方面面的事情，有更多的业务需要摸索，因此更具挑战性，对于我个人成长也更有帮助。"

农村广阔天地，有更多机遇值得龚雨欣挖掘和探索，农村的建设和发展同样需要像她这样的年轻人。而作为本地"新农人"，能够在自己熟悉的地方工作，为家乡作贡献，也让她倍感亲切和自豪，"我从小是在奉贤长大的，能够回到家乡工作，为乡村振兴尽一份力，还是很开心的。"

奉贤是上海的"珍禽之乡"，龚雨欣所在的上海红艳山鸡孵化专业合作社更是在雉鸡养殖领域有着深厚的积淀。合作社用十年的时间培育出了国内首个人工培育雉鸡新品种"申鸿七彩雉"，该品种于 2020 年 5 月列入新修订的《国家畜禽遗传资源品种名录》和《上海市畜禽遗传资源保护名录》。

龚雨欣主要负责合作社商品鸡、商品蛋的销售工作。她上手很快，凭借优质的雉鸡种源和雉鸡产品，销售情况一直较为稳定。不过在龚雨欣看来，销售上还应有所突破，"上海的消费市场，尤其是高端农产品销售潜力巨大，只是目前我们的雉鸡品牌建设和销售都还没有达到预想中的状态。"

在上海这样的大都市，市民挑选购买农产品越来越注重健康这一理念。龚雨欣也捕捉到了这一趋势，选择进一步拓展了雉鸡产业链，开发了以大健康为导向的衍生产品。"我们的产品本身就有健康的优势，雉鸡肉脂肪含量低，雉鸡蛋富含氨基酸的同时，胆固醇含量又比一般的鸡蛋要低，这些产品特性都很符合现在的消费理念。"

龚雨欣介绍，作为肉蛋兼用型的雉鸡新品种，申鸿七彩雉性状优异、抗病力强，而且产蛋量更多，肉质细嫩，"雉鸡肉适合煲汤，味道鲜美；而雉鸡蛋口感松软、绵密，美味健康。"通过引入现代科技和健康理念，龚雨欣将传统农业与康养产业相结合，为乡村经济开辟了新的增长点。"比如我们将雉鸡与中药材结合，推出了滋补类康养礼品如雉鸡药膳汤包等，满足了都市现代消费者对健康养生的需求。"这一创新不仅延长了雉鸡产业链，还为其赋予了更高的市场价值。

龚雨欣深知，只有不断注入新鲜血液和创新思维，才能在激烈的市场竞争中立于不败之地。为此，她尝试着进行"直播带货"。2024年，她与奉贤区四团镇新桥村合作，在该村"醉馨桥"直播间中，半年时间卖出了近7000只七彩雉鸡，让七彩雉鸡成为直播间的明星产品，取得了不错的销售成果。"这对于我和新桥村，都是一次不错的尝试，相信通过不断努力和创新，未来可以做得更好一些。"

跨界创新引领产业融合新风尚

2021年，合作社利用种源优势以及技术，成立了"上海雉趣园文化交流中心"。雉趣园占地近500亩，包括雉鸡核心养殖区、生态种养展示区和科普互动体验区等多个板块。这里不仅展示了现代化养鸡模式，还提供了丰富的农业知识科普和农业实践体验活动，深受游客的喜爱。

目前，雉趣园的运营工作也由龚雨欣负责。两年多来，龚雨欣带着以95后、00后为主的团队，不断探索，开抖音号、视频直播，打造区域IP。她介绍，开园至今，这里广受市民的好评和喜爱，尤其春秋两季，乡村游更是火热。"我们的优势在于拥有从种苗到商品雉鸡的整个产业链，因此，后续会有所拓展，开展全链条体验，丰富劳动教育活动。"龚雨欣表示。

2024年，雉趣园共接待了全市中小学生4万余人，全年接待游客超5万人次，实现全年各平台流量翻倍。孩子们在学校的组织和家长的带领下走进乡村，近距离观察雉鸡的生活习性，了解现代都市农业的发展变化。这种沉浸式的体验，不仅让孩子们学到了课本之外的知识，也让他们对农业和乡村有了更深刻的认识。

凭借敏锐的市场洞察力和专业的市场营销知识，龚雨欣打造了"奉贤小龚在养鸡"个人IP，通过社交媒体平台分享自己的农业经验和故事，刷新了大家对于雉鸡养殖的既有认知，吸引了不

座右铭
》》》》》》》

"用心呵护乡土，用雉丈量世界。"

少粉丝的关注和喜爱。

"通过新媒体平台运营，打造比较有流量的新农人 IP 是大势所趋，也是当下非常有效的方法。"龚雨欣表示，当前她正在搭建团队，吸纳更多 90 后、00 后们的新鲜想法和做法。"通过新媒体运营打造自己的个人 IP，从个人 IP 出发吸引粉丝群，这样更直观，更有信服力，效果更好。雉趣园每年庞大的客流，背后是几万个家庭，之后如何转化成有效的客户，其中的流程、细节都需要我们团队仔细考量。"

不仅是个人 IP，龚雨欣还拥有抖音号矩阵，通过直播等形式向观众展示合作社的农产品和现代化养鸡模式，推动品牌建设，增强农产品的市场竞争力。"通过雉趣园这样的一个农业休闲旅游的窗口，让更多市民知道、了解我们的雉鸡，这就是我们的初衷。"她介绍，这些创新举措不仅提高了合作社的知名度和美誉度，还拓展了销售渠道。"全国各地的养殖户通过直播了解到我们的产品和先进、高标准的生产模式,也带动了合作社的雉鸡种苗销售。"

"雉鸡养殖过程中,还有很多有趣的知识点没有充分展示。"对于雉趣园的运营,龚雨欣有着自己的规划,她计划进一步推出丰富的活动,包括带小朋友做生态饲料、全流程展示雉鸡养殖等,带来更多新鲜体验。"我们有一个新的思路,到时候每个流程都有技术员给小朋友讲解。旅游就是这样,一直要有变化。"

未来,她希望能够吸引更多的年轻人和新农人加入团队,共同助力雉鸡产业品牌化、多元化发展,展现乡村的现代化、创新性和文化魅力。"下一步,我们将以雉鸡种源农业品牌为基础,将雉鸡文化作为破解融合发展难题的突破口,助力雉鸡养殖基地由单一产销模式转变为集种养、销售、研学、户外拓展为一体的特色产业链。"龚雨欣表示。

吸引青年人返乡唤醒乡村

除了推动农旅融合和打造雉鸡大健康产业,龚雨欣还围绕农业休闲旅游发起了一系列青年人返乡项目。"我们在小红书推出了一系列乡创计划、农场义工换宿项目等,吸引了全国各地的城市青年参与农场的建设。"龚雨欣介绍,"乡村振兴,有人加入进来才是最重要的。"通过这一项目,青年人可以在农场体验乡村生活,参与农业生产,同时也可以通过自己的专业技能为农场提供支持,部分义工在此过程中深刻感受到农业未来的广阔前景,并且留下来助力农场发展。

这种模式为乡村带来了新鲜血液,还为青年人提供一个感受不一样的生活方式的平台。同时她还引入了上海市区的社区营造团队的合作,致力于打造一个以可持续理念为核心的农场。她以雉鸡文化为切入点,倡导一种与自然和谐共处的生活方式,通过与周边村庄和社区营造团队的合作,将独具特色的乡村空间分享给年轻人。"可以说目前这个空间不仅是一个农业生产基地,更是一个文化交流平台,吸引了越来越多的青年人前来体验和参与。"龚雨欣说,"反响还不错,2025年2月推出至今,已经有20多人加入。"

青年人返乡项目通过青年人的参与和传播,将乡村文化推向更广阔的城市舞台。"不少年轻人都有一个田园梦,但他们接触到真实农村后都会有一个滤镜破碎的过程。"龚雨欣努力让更真实、更多元的乡村呈现出来,也为城乡之间的互动与融合提供了新的思路。"其中还是有青年人通过我们的项目开始关注乡村,愿意回到乡村做一些事情,为乡村振兴贡献自己的力量。"

乡村不仅是传统农业的承载地,更是创新与梦想的孵化场。"说实话我们做的很多事还比较浅显,但我们希望不断通过跨界融合与传承创新,吸引年轻人和周边村民加入,为乡村振兴提供新的思路。"龚雨欣表示。

文:陈祈

葛文：

以守正创新诠释新时代农人的"骑士精神"

"我们这代种草莓的人负责在前面搭梯子，把不懂的技术都搞懂吃透，下一代人就能全心全意去突破，全面超越国外的品种和技术。"葛文说，如果自己再年轻20岁，一定要把草莓种到国外去，让中国草莓品种被世界认可，让更多人惊叹中国草莓的品质与种植技术。这是他尚未完成的中国梦，希望后来者能接棒实现。

聊起自己农业上的抱负与理想，年近50岁的葛文双眼闪烁着光芒，仿佛又回到了初初入行，那个20来岁意气风发的少年时代。三十年间，他从一个连韭菜与小麦都分不清的农业小白，逐步成长为农业行家。在蔬菜种植领域，他拥有过万亩蔬菜基地，做过广帮菜引种第一人，是首届"全国农村致富带头人"；在草莓种植领域，他试种过近百种草莓品种，熟谙不同品种草莓种植技术，不仅促成国有品种"浙莓8号"高价转让，还自主育成了草莓新品种……他的皮肤因常年田间劳作变得黝黑粗糙，心却在逐梦途中愈加透亮清澈，他希望能找到一个真正热爱农业的接班人，将自己毕生所学无偿传授，让那个人可以踩在自己肩膀上去实现梦想。

从钢铁厂职工到专业种植户的转变

很难想象，眼前这个谈起农业技术便滔滔不绝的农人过去竟然是一名钢铁厂技术人员。

彼时,还在宝钢埋头钻研有色金属焊接技术的葛文,或许从未曾想过,自己的人生会与"种地"二字紧密相连。一次偶然的外出机会,让葛文注意到当时建造在广州珠江钢铁厂旁的广州市农科院的试验基地正在试种专供高档餐馆的西兰花、荷兰豆等"洋蔬菜"。由于品种特殊,且国内尚无规模种植,这些种植成本不足1元/斤的蔬菜,空运至上海五星级餐馆,可以卖到15元/斤的高价。葛文敏锐地捕捉到这一"商机",逐渐萌生了转行的想法。

2000年,他毅然辞职,在上海郊区租下20亩地,开启了一场从零开始的"冒险"。"刚开始什么也不懂,什么也没有,全靠师父一点一点地带我。"葛文说起宝山区蔬菜技术推广站站长毛明华,感激之情溢于言表,"我这个师父,真是父亲的父。"葛文在毛明华的指导下,从植物营养学到病虫害防治,晚上啃书本、上网学,白天下田地、向行家请教,硬是摸索出一套"菜篮子生意经",把广帮菜种植技术一点点吃透,成为上海地区广帮菜引种第一人。短短数年,他逐步引进广东菜心、杭椒、荷兰芹、娃娃菜、紫薯、食用薄荷等蔬菜,摸索出与品种相匹配的配套种植技术。他曾是肯德基、麦当劳等快餐店以及和平饭店、凯悦、希尔顿等五星酒店的长期供应商。为了能够全年不间断供应球生菜,他还利用各地纬度差在全国种植,最高峰时拥有15000

亩蔬菜基地，日供菜量高达15吨。他带领多地农户共同致富，成了首届"全国农村致富带头人"，还获得过"新长征突击手"称号。在叶类菜育苗的过程中，他自己钻研栽培技术，琢磨出了当时只有美国维生公司掌握的工厂化育苗技术，大大提高了育苗效率，造福无数种菜人。

当初弃工转农时，葛文曾遭遇父亲的极力反对。在老一辈人的眼里，泥土地里掘不出黄金，只有没日没夜的操劳和听天由命的无奈。但这些年，他偏偏凭借自己的这双手，在泥土地里"掘"出了车子、房子，实现了成家、立业、育子。但他已不再满足于种菜赚钱，土地于他有了更广阔的意义。

返璞归真，用自然农法"炫技"

"要么不做，要做就要做行业最好的。"当旁人以为他会止

步于"广帮菜大王"时,葛文却清空了蔬菜棚,转身扎入草莓行业。

"种菜的初心可能是赚钱做生意,但草莓里有我的中国梦。"他直言,自己的野心是"让中国草莓史可以出现自己的名字"。

过去,国内草莓种植技术粗放,农户多以种菜的经验和思维管理大棚,导致草莓的品质和产量不稳定。师父毛明华建议他钻研"绿色防控"技术,尝试用更安全、更绿色的方法来管理草莓园,种出高品质草莓。对此葛文认真吸收。

葛文做绿色防控是实实在在的,每一个步骤都有章可循。仅仅在防治虫害环节,葛文就有很多种方法配套使用:比如,使用捕食螨来杀害红蜘蛛、细螨等虫害,用性诱剂来扑杀飞虫,糖醋液诱杀夜蛾、地老虎,同时采取色板诱杀蚜虫与灭蓟马,但在蜜蜂授粉时,又需要做好防护,防止蜜蜂被色板误伤……葛文算了一笔账,如果使用杀虫剂灭虫,一亩地加上人工费大概需要400元,只能防10天的虫害。但是,用天敌捕杀等方法,一亩地才花费100元,可以防3个月。"绿色防控其实不是什么新鲜事,就是农家的本分,既安全,又省钱,会算账的一定会这么做。"葛文蹲下身,指尖捻开一团黑土。这个信奉"土地需要休养生息"的现代农人,每年都会在草莓季后种玉米消化氮肥,用玉米秆改良土壤结构,并在高温季以巴氏消毒法净化土地。"种地如作画,先得还土地以白纸。"他在遵循自然农法的同时,还喜欢用理工思维尝试新办法,"水杨酸可以制成面膜敷脸消炎,那也可以拿来滴灌草莓根消炎……"从以菌治菌到酸碱中和,他将跨学科知识玩出新花样。

不用农药,不施化肥,葛文坚持用最自然的方法种草莓,让草莓保留原有的独特风味。

做中国草莓新品种推荐官

走进葛文的自然草莓园,仿佛进入了一个草莓品种"博物馆"。每个大棚种植的草莓品种都不一样,仅从外观颜色来区分,就涵盖了白色、粉色、橘色、红色、紫色等,让人目不暇接。"可以说很少有生产基地会像我这样同时种植那么多品种,管理难度和成本都会比较高,但我就喜欢去尝试别人不愿意尝试的事情,喜欢挑战。"在葛文看来,要种出最优质的草莓,一方面要有技术,另一方面得找到好的品种。

"我们一定要有属于自己的好东西,不能让人家用品种来打压我们,要有差异化的、领先的品种和技术。"当同行还在追捧日韩草莓品种时,他跑遍了浙江、北京、河南、沈阳、山东等各地农科院、草莓研究所等,专门搜罗冷门品种来试种,通过田间比对、采摘市场检验,逐渐挑选出京郊小白、浙莓8号、越心、越秀、黄桃等国内专家自主选育的特色品种,以差异化打开高端市场。

座右铭
》》》》》》》

"三人行必有我师。"

"我们目前的种植技术、品种其实已经不比日本、韩国差了,很多都做得比其他国家的好。"

种草莓12年来,葛文早已成为行业内的佼佼者、风向标。但凡是他试种过的品种,他说好,别人就会跟风去种。从刚开始四处找优质草莓,到现在各地农科院、研究所有新的草莓品种都会送上门让他试种育苗。他在草莓行业找到了自己的位置。

2023年,葛文更是见证了中国草莓史上的里程碑事件,在他的推荐下,浙江农科院"浙莓8号"品种以130万元的价格叠加三年后0.2元/斤的销售利润成功转让给鲜切果知名企业"百果园",首开国内草莓品种商业化先河,而该品种的认证标准亲本,则委托葛文,在他的基地独家育苗。

此外,葛文夫妇还尝试自主选育了草莓新品种。当前,他正在培育的粉草莓新品种也已初见成果,预计再经过1~2年改良就能推向市场。

从农业技术"拓荒者"到"布道者"

"我始终坚持儒家那一套'三人行必有我师',你问我,我知无不言,言无不尽。遇到我答不上,你能回答我的,我反手拜你为师。"这是葛文一直以来秉持的学习原则。年近半百的他,依旧对新技术新知识充满了渴望。前不久,他还专程去参观了国际花展,想看看花卉种植上有没有先进技术和装备可以借鉴到草莓管理中。

葛文还记得,自己刚开始转行投身农业时,对前路一片迷茫。只能以最原始的方式拓荒——跑遍上海旧书市场,淘各种专业书籍。"感兴趣的时候,一本书一两个小时就翻完了。"互联网兴起后,跨国企业官网、农业论坛成为他新的"云课堂"。他反复研读拜耳、先正达等公司公布的品种数据,从母本抗病性、父本耐储运等字段中破译杂交逻辑,"官网露个点,像我这种有心人立马就能摸清门道"。在实在找不到突破口时,他还会在各大农业论坛上发帖喊话,通过求助帖"炸出"农科专家远程指导,从而建构自己的知识社群网络，形成技术共同体。逮谁问谁的带着草莽气的求学方式让葛文集众家之所长，迅速成长为行业专家。

如今，这个昔日"拓荒者"已逐渐成为"布道者"。

他时常在夜晚空闲时，上网刷草莓技术直播间，在别人遇到技术难题时，无偿给予帮助。"我师父教我技术没收过一分钱。农业是口活命饭，不能做成生意经。"师承的链条到了葛文手里变成开放网络。葛文不仅在快手免费开课讲农业，为农民答疑解惑分享知识，还接受其他地区的技术人员到基地学习，为上海对口帮扶工作出力。此前，青海果洛州的3名藏族学员专程来到自然草莓园学习草莓种植技术，她们中间最小的才十七岁，葛文和他的妻子把她们当作自己的女儿一样照顾，从饮食起居到技术教学，事无巨细。他说："知识没有高原反应，希望可以点亮高原上的技术火种。"

对于现在年轻人的学院派教学，他坦言，"农业是综合学科，但现在的教育分科太细，植保和土肥不分家，要学会融会贯通。"他带学生时，要求大家忘记过去所学，从一张白纸开始从头学起，才能勇于尝试。先让大家抹去学院派知识，从最基础的氮磷钾、氢氧碳开始了解，再带他们到各地农科院和种植基地，观摩实验，现场教学。如今，他指导过的草莓种植户已经遍布浙江、云南、安徽、新疆多地。但在葛文心里，能真正被他称作"徒弟"的却很少。

"农业需要热爱,并不是每个人都熬得住。"他感慨,也有不少人因前三年收益低而纷纷转行。"一切都是缘分,我希望能够找到真正热爱的人,把技术一代一代往下传。"

文:施毽赟 李函芮

鞠湖宁：

90后"农机小诸葛"是怎样炼成的？

夏季，雨滴拍打着伞面，步入上海联跃农机合作社，雨棚里整齐排列的一系列大型农机强硬闯入眼帘，静默无声地宣示着存在，为这片沃野筑起一道钢铁壁垒。

"这台是联合收割机，旁边的是植保无人机。"面对着这些"钢铁机械"，联跃农机合作社的"90后"农机手鞠湖宁如数家珍。加入合作社以来，凭借对农业机械的无比热爱与深入研究，鞠湖宁逐渐在农机领域崭露头角——在各种技能大赛中屡获殊荣，并成为闵行区最年轻的三级农机修理工。

相较于老一辈农机手，鞠湖宁对机械细节有着更高的追求，他愿意投入更多时间钻研新技术，这份执着与热情让他在众多农机手中独树一帜，操作和修理农机的水平日益精进，常被前来求助的农户亲切地称呼为"农机小诸葛"。

"硬着头皮"从零开始 从销售到农业的跨界转型

出生于江苏农村的鞠湖宁，自小目睹父辈们年逾花甲仍要背着沉重的喷雾器蹒跚田间，深知农民"面朝黄土背朝天，手把青秧插满田"的艰辛。一次偶然的机会，他与农业结下了不解之缘，决心用现代化农业技术改变传统耕作方式。

"我当时在上海做销售工程师，生活还算稳定，但总觉得缺了点什么。"鞠湖宁回忆道，"2021年，经人介绍，我了解到了报考农机合作社的情况。当时合作社的创始人年事已高,急需有人接手。我想,既然有机会,为什么不试试呢?"

就这样,鞠湖宁放弃了稳定的工作,毅然决然地踏入了农业领域,再到如今,成为联跃农机合作社的合伙人之一。

起初,鞠湖宁对大型农机的操作一窍不通,内心的恐惧和实际操作中的困难让他倍感压力。"刚开始学的时候,最难克服的就是自己的恐惧心理,真正坐在驾驶舱里操作农机和学习理论知识的感受完全不一样。"回忆起刚刚接手农机业务时的困难,鞠湖宁笑着说,"我第一次去田里作业的时候,差点把拖拉机开进沟里去。"

但是鞠湖宁自认是一个"固执、要强"的人,既然决定要做这一行,就一定要做好。彼时,他刚刚开始接触农机,合作社仅有一个老师傅能够带教,但老师傅不善言表,许多关于农机的操作知识无法准确传达给这个"学生",他也只能从实践开始,"那时候只能一边干,一边想怎么把地耕平,怎么把秧插直",在实际操作中学技术,碰到问题再解决。农机使用中难免碰到机器损坏的情况,那就翻视频、查资料,自己摸索着排除故障,修理机器。

选择参加无人机飞防大赛时同样如此,由于合作社日常使用的是与比赛规定完全不同的机型,鞠湖宁和他的队友甚至从未接触过比赛指定的无人机型号。尽管如此,他们仍坚持参赛,白天完成日常工作,晚上还要加班研究技术资料,采用以赛代练的方式提升技能。虽然常常自嘲是野路子出身,但通过反复实践和比赛积累,鞠湖宁和队友从最初的完全陌生到逐渐掌握技术要领,最终在比赛中获奖,证明了自己是真正的技术能手。

正是这股不服输的劲头,让鞠湖宁在短时间内迅速成长。几年间,他白天在农机库里拆装研究,夜晚挑灯苦读技术手册,硬是啃下了拖拉机、联合收割机操作证,更斩获农作物植保员、农机修理工三级证书、农业植保无人机驾驶证。油污斑驳的工作服,见证着这个"农机痴"从门外汉到行家里手的蜕变。

"摸着石头"不断尝试　做田间地头的机械医生

谈及"农机小诸葛"的称呼,鞠湖宁还有些不好意思,但这个称呼背后是农户们对他能力真心实意的认可,有农户感慨"小鞠调试过的农机,作业误差能精确到厘米级,这才是新时代的'精耕细作'"。

"罗马不是一日建成的","农机小诸葛"也不是一蹴而就的。在农机合作社的日子里,鞠湖宁深刻体会到了技术对于农业现代化的重要性。他深知,要想在竞争激烈的市场中脱颖而出,就必须不断提升自己的技术水平。

于是,他开始参加各种农机培训和比赛,不断学习和探索新的农机技术,"四处求学,全靠摸索",这几个字贯穿了鞠湖宁这

几年的农机实践。无论是来自久保田等农机厂家组织的培训,还是市、区各级相关部门组织的各类培训,鞠湖宁学不厌多,总是踊跃报名参与,积极与同行的学员、老师交流经验。此外,想要学习农机维修,还需靠老师傅言传身教。"但有些老师傅是不大愿意教学的,因为有一句话叫'教会徒弟,饿死师傅',他只会在你出问题的时候才告诉你应该怎么做,不会事先教会你需要注意的事项。"于是,多练、多请教成了鞠湖宁的日常。

  鞠湖宁喜欢研究农机的细节,遇到问题,不拘泥于老方法,也会通过各种渠道去寻找解决方案。他会在抖音、小红书等自媒体平台搜寻相关视频,给发布者留言探讨进一步的操作,也会从各大农机品牌经销商处讨要资料,对照资料自学,抓紧一切机会学习新技术、新操作、新方法。有一次,合作社的插秧机齿轮箱突发故障,但是由于这个零部件此前极少出现问题,鞠湖宁也缺乏相关经验。在拆解维修后，他按常规方法重新组装，却发现插秧机无法正常运作。为了解决问题，鞠湖宁在各个平台搜索相关的安装教程，好不容易找到了一个能解决问题的视频教程，可视频中却没有对最关键的步骤——如何对齿轮对点作出说明，联系视频发布者也没能获得解答。后来，为了解决这个难题，鞠湖宁又辗转联系到了这个零部件的供应商，对方提供了完整的安装视频教程，这才顺利完成维修。

  在鞠湖宁看来，提升农机修理水平是一个积累的过程。"每次坏的部位不一样，今天坏的这个地方没有接触过，那你就不会，坏了以后你维修过了，你就学到了。"在上海农业行业职业技能大赛农机修理工赛项中获得优胜奖，代表闵行区取得2024年上海农业行业职业技能大赛农作物植保员赛项团体第三名，荣誉背后，是他对每个螺丝的精细校准、对每寸土地的深情凝视。

座右铭
》》》》》》》

" 宝剑锋从磨砺出，梅花香自苦寒来。"

凭着热情　赓续创新　展望数字化的未来图景

无论芒种季节还是秋收时节，总能在田间看到鞠湖宁日出而作，日落而归的身影，积极为各大粮食合作社的安全生产做好保障工作。

"技术不能只躺在证书里，更要变成田里的真章！"鞠湖宁的农机哲学朴实却充满力量。他率先将植保无人机引入闵行传统农机作业，创新设计的"低空雾化喷洒法"让每亩农药用量减少30%，既护住了农户的钱袋子，更守住了绿水青山。当看到老农们放下背了半辈子的喷雾器，仰头望着无人机在空中作业时露出的笑容，他知道这条路走对了。

如今，鞠湖宁的身份早已超越普通农机手。作为粮食生产领域的农机技术骨干，他熟练驾驭联合收割机、拖拉机等大型农机设备，将传统的"抢收抢种"的人力密集模式转变为精准高效的机械化作业，极大地提高了粮食生产的效率，减少了人力成本，确保了粮食的及时收割和储存。他组建的青年农机服务队活跃在田间地头，手把手教农户操作智能设备。这个曾经不被理解的"农机青年"，如今已成为闵行农业转型升级的"技术引擎"。

对于未来，鞠湖宁有着清晰的规划和展望：响应国家的数字化转型号召，开展智慧农场建设。随着国家对农业现代化的重视和推进，他敏锐地察觉到了智慧农场这一新兴领域的发展潜力。

他认为，智慧农场是农业科技的未来趋势，也是提高农业生产效率、降低劳动成本的有效途径。合作社未来会朝着数字化转型的方向发展，继续深化智慧农场技术的研发和应用，推广智能化、精准化的农业作业模式，吸引更多的年轻人来从事这个行业。同时，合作社的初衷是机械化作业和社会化服务，目前每年服务6300亩水稻耕种，机械化程度已经维持在较高水平，接下来他计划积极拓展合作社的服务范围，提升服务质量，努力打造农业社会化服务品牌。

"农业不是面朝黄土的宿命，而是面向未来的事业。"鞠湖宁擦拭着心爱的农机，眼神灼灼如星火。在他身后，5G物联网监测站巍然矗立，无人驾驶插秧机徐徐前行，勾勒出一幅科技与农耕交融的现代田园画卷。这位90后新农人用双手证明：当古老的土地遇上青春的创造力，希望的田野永远年轻。

文：许睿捷

后 记

《闪闪新农人》一书的付梓，如同33颗璀璨星辰最终汇聚成河，照亮了上海乡村振兴的壮阔图景。书页虽已翻至尾声，但新农人奋斗的故事仍在持续激荡。

上海市委、市政府高度重视乡村人才振兴工作，要求相关部门和区"以求贤若渴的紧迫感，全力抓好农业人才引育，深化研究、拿出举措，吸引更多人才进农村、干农业，心无旁骛专注农业高质量发展"，并对开展调研宣传"闪闪新农人"活动予以充分肯定。

最崇高的敬意献给书中33位"闪闪新农人"！感谢你们敞开心扉，分享宝贵的经历、独到的见解、成功的喜悦与探索的艰辛。你们是活跃在上海乡村振兴前沿阵地的实践者与创造者。正是你们以新身份、新理念、新力量打破藩篱、赋能乡野，才让这本书拥有了蓬勃的活力与动人的力量，你们的奋斗本身就是最精彩的篇章。

由衷感谢每一位参与本书采编制作的成员。你们怀揣着对乡村的深情与对新闻事业的敬畏，深入田间地头，以敏锐的视角捕捉动人的细节，用温暖的笔触刻画鲜活的人物。是你们不辞辛劳的奔波、夜以继日的笔耕、精益求精的打磨，将33位新农人闪耀的光芒、坚韧的探索与不凡的成就，真实、生动、立体地呈现在读者面前。

最后，感谢文汇出版社社长周伯军先生和责任编辑徐曙蕾女士的鼎力支持与倾情付出。从选题策划到编辑审校，从装帧设计到印刷发行，出版社同仁以高度的责任感、专业的素养和高效的协作，使本书得以顺利出版。

《闪闪新农人》的出版，并非是一个终点，而是一个起点。我们深知，33位新农人的故事，是奔涌的一朵浪花，我们期盼这本书能汇入上海乃至全国乡村振兴的汪洋大海，激荡出全社会对农业、农村、农民更深的关注与敬意；也希望它能成为一个窗口，吸引更多有志之士投身乡村这片充满希望的田野，共同书写乡村振兴更加辉煌的新篇章。

本书从策划到编撰成书，得益于上海市农业农村委员会秘书处、东方城乡报社、上海社会科学院信息研究所和文汇出版社的通力合作。需要特别说明的是，我们虽力求全面、准确、生动地展现每一位新农人的风采与贡献，但时间有限，难免有疏忽之处，恳请各位读者、专家以及书中的主人公们多多包涵、不吝指正。

上海乡村振兴的实践日新月异，新农人的故事也远未讲完。我们期待未来有更多力量加入，持续记录、传播这些闪耀在乡野的星光，让新农人的匠心精神惠及更多更广更长远。

《闪闪新农人》编委会
2025年8月8日

图书在版编目（CIP）数据

闪闪新农人 / 上海市农业农村委员会秘书处, 东方城乡报社, 上海社会科学院信息研究所著. -- 上海：文汇出版社, 2025.8. -- ISBN 978-7-5496-4572-5

Ⅰ. K826.3

中国国家版本馆 CIP 数据核字第 2025EA0689 号

闪闪新农人

著　　　者　/	上海市农业农村委员会秘书处
	东方城乡报社
	上海社会科学院信息研究所
责 任 编 辑　/	徐曙蕾
装 帧 设 计　/	智　勇
出　版　人　/	周伯军
出 版 发 行　/	文汇出版社
	上海市威海路 755 号
	（邮政编码 200041）
经　　　销　/	全国新华书店
印 刷 装 订　/	上海颛辉印刷厂有限公司
版　　　次　/	2025 年 8 月第 1 版
印　　　次　/	2025 年 8 月第 1 次印刷
开　　　本　/	890×1240　1/32
字　　　数　/	160 千
印　　　张　/	9

ISBN 978-7-5496-4572-5

定　　　价　/　88.00 元